名师工作室成果文库

市场营销基础

SHICHANG YINGXIAO JICHU

马 峰 席俊玲 著

光明日报出版社

图书在版编目（CIP）数据

市场营销基础 ／ 马峰，席俊玲著 . -- 北京：光明日报出版社，2019.4
（名师工作室成果文库）
ISBN 978 - 7 - 5194 - 5298 - 8

Ⅰ.①市… Ⅱ.①马…②席… Ⅲ.①市场营销学—教材 Ⅳ.①F713.50

中国版本图书馆 CIP 数据核字（2019）第 081507 号

市场营销基础

SHICHANG YINGXIAO JICHU

著　　者：马　峰　席俊玲

责任编辑：郭思齐　　　　　　　　责任校对：赵鸣鸣
封面设计：中联学林　　　　　　　责任印制：曹　净

出版发行：光明日报出版社
地　　址：北京市西城区永安路 106 号，100050
电　　话：010-67017249（咨询）　　63131930（邮购）
传　　真：010 - 67078227，67078255
网　　址：http：//book. gmw. cn
E - mail：guosiqi@ gmw. cn
法律顾问：北京德恒律师事务所龚柳方律师

印　　刷：三河市华东印刷有限公司
装　　订：三河市华东印刷有限公司
本书如有破损、缺页、装订错误，请与本社联系调换，电话：010 - 67019571

开　　本：170mm×240mm
字　　数：243 千字　　　　　　　印　　张：17.5
版　　次：2020 年 1 月第 1 版　　　印　　次：2020 年 1 月第 1 次印刷
书　　号：ISBN 978 - 7 - 5194 - 5298 - 8
定　　价：58.00 元

前　言

进入 21 世纪以来，经济的全球化趋势日益突出，作为经营管理中最富有能动作用的一个领域——市场营销，其理论和观念正在不断地演进与创新。尤其是电子商务异军突起，成为当代很重要的交易方式，如今，网上购物、网上营销——微商，已成为我们日常生活的一个重要部分。这些新型营销方式的兴起，使传统的营销发生了很大的变化。面对激烈的市场竞争，面对市场营销对人们生活带来的影响，为了适应新的经济形势对人才的需求，对中等职业学校学生人才的培养是至关重要的。基于此，我们以培养学生综合职业能力为核心构建了这本市场营销专业教材，注意吸收当前职业教育课程改革发展的研究成果，力争在教学方法、学习方法上有所突破、创新和完善。

本书依据教育部《中等职业学校市场营销专业教学标准》编写而成，其特点主要有以下几个方面。

第一，明确学习目的。为了使学生把握每篇的重要知识点、难点，提高学生的学习效率与效果，各篇开篇都明确了本篇的学习目的与要求。

第二，合理编排各篇章内容。全书按照市场营销学知识结构体系编排各篇章顺序，各任务环节详细阐述基本原理、基本方法。在教材每个任务下以知识准备、实践活动、案例分析展开，并穿插了想一想、议一议、试一试、资料链接等可供师生互动和学生自主学习的小问题，以提高学生学习的积极性和主动性，便于学生自学及进行拓展性学习，有助于学生的全面发展。

第三，检验学生学习效果。本书在编写过程中，每篇任务后设计了"实践活动"，目的是为了了解学生对本任务内容的掌握情况，检验学生对所学知识的融会贯通情况，以便学以致用。

第四，针对中职学生特点选择教学内容。本书结合中等职业学校市场营销专业的教学要求和学生的特点，以中等职业学校培养应用型人才的目标来选择教学内容，以学生为主体，突出职业能力的培养。

第五，结合中职对口升学考试技能测试的要求，紧扣考试大纲，注重训练技能，凸显技能；尤其适合财会专业学生参加安徽省对口单招市场营销技能复习指导。

全书分为两个部分，第一部分是基础理论篇，主要介绍市场营销的基本原理和方法，共4篇，即理论篇、分析篇、战略篇、策略篇，共12章任务活动：导论、市场营销哲学、市场营销环境概述、购买者行为分析、市场细分、目标市场、市场定位、市场营销组合、产品策略、价格策略、分销渠道策略、促销策略。从市场营销视角来看，要达到营销目的，取得营销成功，市场营销人员必须时刻关注市场营销环境的动态变化，进行市场调查并预测未来需求，进行市场细分，确定目标市场顾客的需求，并以此来设计符合目标顾客所需求的产品营销组合。基础理论篇就是按此思路来编写的。第一部分基础理论建议学时72学时。第二部分是实训技能篇，主要包括商品认知、特定情形下的客户关系处理、营销策划方案设计和市场调研方案设计四个财经商贸类对口升学高考技能实训的练习。第二部分是为安徽省中等职业学校学生参加财经商贸类对口高考时进行市场营销技能测试而量身定做的考前训练,本部分建议学时 16 学时。

本书由马峰、席俊玲担任主编,并由席俊玲制定编写大纲,负责总纂定稿。具体编写成员如下:韩思思(市场营销概述、消费者购买行为分析、渠道策略、实训项目一、实训项目二);邱徐艳(市场营销哲学、市场营销环境概述、实训项目二);万慧(市场定位、市场营销组合、实训项目三);席俊玲(产品策略、价格策略、促销策略、实训项目三);邹瑾、马峰(市场细分、选择目标市场、实训项目四)。本书在编写过程中借鉴了国内外营销学者大量的最新研究成果,参阅了国内外有关书籍、报纸杂志等大量文字资料和网络资源,在此一并表示衷心的感谢。

由于市场营销学是一门发展较快的新兴学科,并且编者水平有限,书中难免有些疏漏或不足,敬请有关专家、读者批评指正。

编 者
2019 年 10 月

目 录
CONTENTS

第一部分 01

基础理论

第一篇　理论篇

本篇学习目标

当你学完本篇后，应该能够做到以下几点。

● 掌握营销学对市场的定义：需要、需求和欲望，产品、交换和交易的概念。

● 能够多视角认识市场营销，了解一些重要概念，以及营销管理的任务和营销学的重要分支。

● 掌握营销管理哲学的五种典型经营观念，重点掌握营销观念和两个导向、四个支柱。

● 掌握关系营销观念，理解顾客满意、顾客忠诚的概念，认识保持顾客的重要性和意义。

● 了解市场营销学演进的大致历程，了解各个时期出现的新观念、新理念和理论。

● 深入理解市场营销基本概念和其在企业经营管理中的地位和作用。

● 掌握市场营销相关的基本分析方法，具备初步营销管理和操作能力。

第一章　市场营销概述

在现代市场经济条件下，企业必须十分重视市场营销。市场如战场，谁能把营销做得更好谁就掌握了战争的主动权，就能旗开得胜。市场营销是通过市场促进交换以满足人类的需要和欲望，同时又能使企业获得增值效益的经营活动和管理职能。市场营销是企业的基本职能之一，是负责识别、预测和满足客户的需要，同时又使企业有利可图的管理职能。市场营销正是通过市场来促进交换以满足人类需要和欲望的活动，它渗透生产和消费领域之中，通过科学、合理的方法和手段促进买方和卖方交换行为加以顺利实现。

第一节　市场营销相关概念

知识准备

如果说当前的市场流通具有国际现代化、互联网思维、环境差异性、利润最大化等特点，那么作为由古至今一直存在的交易流通载体，市场发挥着莫大的作用，而营销则是促进各种交易发生的手段。随着社会的不断发展和变迁，交易圈子也必定会放大拓宽，营销手段也必然会更新迭代，这样才能让产品在不同时代实现利润最大化。

【资料链接】

"老干妈"的崛起

1994 年，贵阳修建环城公路，昔日偏僻的龙洞堡成为贵阳南环线的主干道，途经此处的货车司机日渐增多，成了"实惠饭店"的主要客源。老干妈陶华碧近乎本能的商业智慧第一次发挥出来，她开始向司机免费赠送自家制作的豆豉辣酱、香辣菜等小吃和调味品，大受欢迎。正是货车司机把"老干妈"如同蒲公英的种子一样，撒向全国，并在最适宜的地方扎根生长。当时，以广州为代表，大量农民工进城，"老干妈"正符合了他们的口味和可接受价位，于是首先在广州市场取得销量爆发，继而逐渐实现了全国扩张。

市场营销，又称作市场学、市场行销或行销学，MBA、EMBA 等经典商管课程均将市场营销作为对管理者进行管理和教育的重要模块包含在内。市场营销是指在创造、沟通、传播和交换产品中，为顾客、客户、合作伙伴及整个社会带来经济价值的活动、过程和体系。主要是指营销人员针对市场开展经营活动、销售行为的过程。

想一想

你所理解的市场营销里有什么？

一、顾客的欲望和需求

市场营销最基础的就是人类的欲望。人类的需要受到文化和背景的影响，比如一个美国人饥饿的时候，他的欲望就是得到一个汉堡包和薯条；而一个中国人饥饿的时候他的欲望可能就是吃一份炸酱面。所有人都有着不同程度的欲望，当人们具备购买能力时，欲望便会转化为需求。市场营销要做的就是理解顾客的欲望，并找到有需求的客户。

图 1-1 顾客的欲望与需求

二、产品和体验

许多人做市场营销的时候，都过分地关注自己的产品，其实这是错误的，这类人我们称之为"市场营销近视症"，他们非常关注自己的产品而忽略了顾客的需求。比如一个卖电钻的商家，以为顾客需要自己的电钻，就去宣扬电钻多么好。其实顾客需要的是墙上的洞，产品只不过是一个工具罢了。如果有一个方案能更加方便和廉价地在墙上打出一个洞来，那么顾客就绝对不会购买你的电钻。

三、顾客的满意

市场上有非常多的选择可以满足消费者的需求，那么他们会怎么选择呢？消费者首先会对自己购买的产品产生一个预期，如果购买以后达到了自己的预期，那么他会重复购买并向他人推荐；反之，消费者会选择竞争对手的产品，并贬低你的产品。所以我们必须对自己的产品设定一个预期，如果预期设定过低，消费者会满意，但是无法持续下去；如果预期过高，消费者会失望，不会再次购买。

四、交换

这里的交换并不是单纯的买卖产品，商家不仅要向消费者提供价值并获取利润，还要向消费者传递卓越的理念（为顾客提供价值）来换取稳定牢固的顾客关系，以此来留住老顾客，开发新顾客，就像麦当劳的"我就喜欢"。

五、市场

当某处发生了交换关系，就会形成市场，市场营销就是为了建立有利可图的顾客关系而管理市场。做市场营销首先要搜寻购买者，确认他们的需要，然后再根据他们的需要提供产品，并设定合理的价格，然后进行销售。

实践活动

客户需求调查分析

【活动内容】

小组讨论分析客户需求，分析需求步骤中每一步所包含的具体内容。

【活动要求】

按表格内容要求填写：

表 1-1　客户需求调查

客户需求步骤	收集资料	资料分析	需求分析
内容			

案例分析

万科的市场发展

万科公司始建于1984年，最初从事录像机进口贸易，接着便"什么赚钱就干什么"。到1991年年底，万科的业务已包括进出口、零售、房地产、投资、影视、广告、饮料、机械加工、电气工程等13大类。在企业发展方向上，其创始人王石曾提出万科是一个具有信息交易、投资、融资、制造等多种功能的"大型综合商社"。1992年前后，万科通过增资扩股和境外上市筹集到数亿元资金，一方面将企业业务向全国多个地区、多个领域扩展，另一方面向国内30多家企业参股。多元化发展的速度和程度达到了历史顶点。虽然，万科的每一项业务都是盈利的，但是从 1993 年开始，万科的经营战略发生了重大改变。第一，在涉足的多个领域中，万科于 1993 年提出以房地产为主业，从而改变了过去摊子平铺、主业不突出的局面；第二，在房地产的经营品种上，万科于 1994 年提出以城市中档商品房为主，从而改变了过去公寓、别墅、商场、写字楼"什么都干"的做法；第三，在房地产的投资地域分布上，万科于 1995 年提出重回深圳，由全国 13 个城市转为重点经营京、津、沪、深 4 个城市，其中以深圳为重中之重；第四，在股权投资上，万科从 1994 年开始把其持有的全国 30 多家企业的股份进行分期转让。事实证明，万科的这种做法是正确的。

【讨论】

（1）万科为什么做出这样的选择？

（2）万科的选择体现了什么？

（资料来源：百度文库）

第二节　关于市场

知识准备

一、市场

市场起源于古时人类对于固定时段或固定地点进行交易的场所的称呼，是买卖双方进行交易的地方。发展到现在，市场具备了两种意义，一个是指交易场所，如传统市场、股票市场、期货市场等；另一意义为交易行为的总称，即市场一词不仅仅指交易场所，还包括了所有的交易行为。故当谈论到市场大小时，并不仅仅指场所的大小，还包括消费行为是否活跃等。广义上，所有产权发生转移和交换的关系都可以成为市场。

经济学定义：市场是商品交换关系的总和，是商品经济中生产者与消费者之间实现产品（服务）价值，满足需求的交换关系、交换条件和交换过程。

想一想

市场里面有什么？它们的关系如何？

市场的构成要素可以用一个等式来描述：

$$市场 = 人口数量 + 购买欲望 + 购买力$$

（一）人口

这是构成市场的最基本要素。消费者人口的多少，决定着市场的规模和容量的大小，而人口的构成及其变化则影响着市场需求的构成和变化。因此，人口是市场三要素中最基本的要素。

（二）购买力

购买力是指消费者支付货币以购买商品或服务的能力，是构成现实市场的物质基础。一定时期内，消费者的可支配收入水平决定了购买力水平的高低。购买力是市场三要素中最物质的要素。

（三）购买欲望

购买欲望是指消费者购买商品或服务的动机、愿望和要求，是由消费者心理需求和生理需求引发的。产生购买欲望是消费者将潜在购买力转化为现实购买力的必要条件。

市场的这三个要素是相互制约、缺一不可的，它们共同构成企业的微观市场，而市场营销学研究的正是这种微观市场的消费需求。

比如中国将近 14 亿人口就是一个大的市场。英国不到一亿的人口，但人均消费一个人堪比中国好几个人，也称得上是大市场。人口多但没有购买欲望和购买力就不能算大市场。人是市场的基本因素，钱是第二因素，商品是市场的必须条件。市场也分有形无形、一级二级。有形的是提供商品流通（交换）的店面，无形的是人。

随着社会分工和市场经济的发展，市场的概念也在不断发展和深化，并在深化过程中体现出了不同层次的多重含义。

1. 市场是指商品交换的场所。

2. 市场是各种市场主体之间交换关系乃至全部经济关系的总和。

3. 市场表现为对某种或某类商品的消费需求。

二、市场的基本特征

市场具有统一、开发、竞争、有序的特征。

统一不仅使消费者在商品的价格、品种、服务上能有更多的选择，也使企业在购买生产要素和销售产品时有更好的选择。

一个开放的市场，能使企业之间在更大的范围内和更高的层次上展开竞争与合作，促进经济发展。

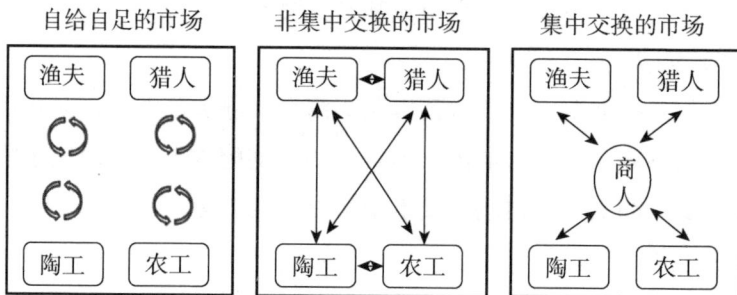

图1-2　市场

竞争是指各经济主体为了维护和扩大自己的利益而采取的各种自我保护行为和扩张行为，努力在产品质量、价格、服务、品种等方面创造优势。

市场有序性能保证平等竞争和公平交易，保护生产经营者和消费者的合法权益。

实践活动

调查甜品店市场

【活动内容】

中国甜品工业协会公布了该协会日前以北京、上海、广州三座城市为代表所做的一项甜品产业调查。调查显示，中国甜品业目前呈现出多层次、多品类、多特性、容量大、变化快、品牌竞争激烈的格局。

【活动要求】

（1）建立活动小组。学生自行组建活动小组，小组成员以3—5人为宜，每个小组推选一位组长。

（2）网络搜索。利用课外时间，通过访问网站收集甜品市场产品的信息，要求尽可能全面地分析甜品市场。

（3）结果分享与互补。组内分享各自的搜索结果并相互补充，以完成甜品店市场分析。

（4）案例分析。各小组任选某一实例，分析该甜品市场份额构成。

案例分析

中国饮料行业市场报告

饮料工业包括软饮料和啤酒，作为食品工业最具经济规模的大宗产品，也是国际竞争最活跃的领域，依靠的是实力、规模和技术，整个行业的集中化、规模化格局已初步形成。据近十年来世界饮料消费统计资料，充气饮料、茶、瓶装饮用水和果汁饮料的消费呈增长趋势，牛奶、咖啡、啤酒和葡萄酒的消费呈下降趋势。

在我国食品工业中，饮料工业起步较晚，但近几年的发展十分迅速。1980年以前，全国软饮料年产量不足30万吨，到1996年年产量已达883.8万吨（包括乡镇企业），年均增长24%，是食品工业中发展最快的行业；1996年后我国软饮料工业仍以10%以上的速度发展，到

1997 年全国饮料产量已达 960 万吨。1998 年饮料市场竞争更加激烈，据国家统计局公布的数字，1998 年上半年全国软饮料产量为 448.05 万吨，较上一年同比增长 22.9%。2000 年中国饮料工业的饮料总产量为 1491 万吨，比上年增长 25.7%，连续保持了 21 年快速增长势头。饮料行业无疑已成为"酿酒"之后食品工业中又一个重要行业。

我国饮料行业发展状况同国际饮料行业的普遍发展形势相适应，我国的软饮料生产企业亦呈现出产量集中度高，大型企业对行业的影响力大的特征。1999 年，中国"十强"饮料企业（由 1999 年中国饮料工业协会对国内饮料企业的生产规模、产品质量、技术管理、经济效益等进行综合考核，认定并推出）的产量，约占全国饮料总产量的 27%，销售收入约占全国饮料行业总销售收入的 32%。由此可见，大型企业在行业中举足轻重的地位。

业内人士说，我国饮料行业经多年蓬勃发展，已初具规模和影响，但与国外饮料行业相比仍有一定差距。第一，国内企业整体水平较低，形成规模生产的企业还不多。目前国内产量最大的娃哈哈，年产量仅 93 万吨，与可口可乐公司年产 2450 万吨相比，差距甚大。第二，质量还不够过硬。与国际名牌相比，产品的档次、口味的适应性及质量的稳定性还有待进一步提高。第三，经营管理水平等方面有待提高。国内企业历史较短，处于相对高速发展阶段，因此在质量管理、市场营销、人才素质等方面都有一个不断完善和提高的过程。第四，企业地区分布不尽合理。2006 年全国产量前 5 名是广东、浙江、上海、江苏、河北。5 个主产地的产量达 951 万吨，占全国总产量的 64%，增幅也高达 29%。年产量超过 30 万吨的省市，大部分位于沿海地区，中西部地区丰富的资源没有得到充分利用。另外，名牌饮料的市场大多集中在大城市，农村市场还有待于开发。

【讨论】

（1）企业选择产品市场的依据是什么？

（2）不同产品市场情况如何分析？

（3）如果你是饮料厂商，你会选择哪一个市场，为什么？

（资料来源：百度文库）

第二章　市场营销哲学

市场营销哲学，亦称市场营销观念，就是企业在开展市场营销活动的过程中，在处理企业、顾客和社会三者利益方面所持的态度和指导思想。它是一种观念、态度或思维方式。

企业树立科学的营销观念，在市场营销活动中具有重要的作用。现代营销管理的首要环节就是要通过教育、培训、引导、说服等一系列活动使企业全员树立起科学正确的现代营销观念。市场营销哲学的实质是如何处理企业、顾客和社会三者之间的利益关系。

营销观念根据建立的基础不同，可分为传统营销观念和现代营销观念。传统营销观念建立在以生产者为导向的基础上，市场处于一种供不应求或由供不应求趋向供求平衡的状态下，而且购买者总体呈现出的是一种无差别的需求。传统营销观念主要包括产品导向观念、推销导向观念。现代营销观念建立在以消费者或以社会利益为导向的基础上，市场处于一种供过于求的状态下，买方市场已经形成，而且购买者总体呈现出的是一种差异性的需求。现代营销观念主要包括市场导向营销观念、关系营销观念。

第一节　产品导向营销观

知识准备

产品导向营销观产生于 20 世纪 30 年代，这种观念认为，消费者喜欢高质量、多功能和具有某些特色的产品，并经常不断地加以改进和提

13

高。产品导向营销观产生于卖方市场，企业大批量、低成本生产使人们的需求得到了基本满足，人们对产品的需求开始提高。消费者喜欢质量好、功能多、具有某些特色的产品。企业生产致力于不断对产品进行改进，不重视产品产量而重视质量，企业理念从"我有你买"变为"我好你买"，但依然轻视推销，强调以产品本身来吸引顾客。

一、经营思想

拥有产品导向营销观的企业的经营思想主要是：拥有高质量的产品，就拥有了购买者。

产品导向营销观的出发点仍然是企业的生产能力与技术优势，其观念前提是"物因优而贵，只要产品质量好，就不愁销售"；其指导思想仍然是"我能生产什么，就销售什么。我销售什么，顾客就购买什么"。遵循这种营销观念，企业的主要任务是"提高产品质量，以质取胜"。

下面以爱尔琴钟表公司的经营观念为例。

美国爱尔琴钟表公司自 1869 年创立到 20 世纪 50 年代，一直被公认为是美国最好的钟表制造商之一。该公司在市场营销管理中强调生产优质产品，并通过由著名珠宝商店、大百货公司等构成的市场营销网络分销产品。1958 年之前，公司销售额始终呈上升趋势。但此后其销售额和市场占有率开始下降。造成这种状况的主要原因是市场形势发生了变化：这一时期的许多消费者对名贵手表已经不感兴趣，而趋于购买那些经济、方便、新颖的手表，而且许多制造商迎合消费者需要，已经开始生产低档产品，并通过廉价商店、超级市场等大众分销渠道积极推销，从而夺得了爱尔琴钟表公司的大部分市场份额。爱尔琴钟表公司竟没有注意到市场形势的变化，依然迷恋于生产精美的传统样式手表，仍旧借助传统渠道销售，认为自己的产品质量好，顾客必然会找上门，结果致使企业经营遭受重大挫折。

二、关注要点

产品导向营销观影响下，企业关注要点为：质量、品种、性能、品牌。

产品观念认为，消费者最喜欢高质量、多功能和具有某种特色的产品，企业应致力于生产高值产品，并不断加以改进。它产生于市场产品供不应求的"卖方市场"阶段，当企业发明一项新产品时，是最容易产生产品观念的场合。此时，企业最容易出现"市场营销近视症"，即不适当地把注意力放在产品上，而不是放在市场需要上，在市场营销管理中缺乏远见，只看到自己的产品质量好，看不到市场需求在变化，致使企业经营陷入困境。

三、实现途径

产品导向营销观影响下，企业的实现途径为：

* 精品；
* 名牌；
* 独特产品；
* 领先性能；
* 高附加利益；
* 高认知价值。

中国五粮液能够"香飘万里"，历次蝉联"国家名酒"金奖并誉满全球，不仅仅因为它的质量，更在于技术创新和广泛宣传。

四、销售手段

该营销下，企业的销售手段主要为：高价、小规模、优质服务、专卖。

五、局限性

在激烈竞争中过于自信，只重视产品质量够吗？

结论：产品观念容易造成"营销近视"，致使经营者过于自信而疏于宣传，不注重更新技术、顺应时代潮流从而导致产品滞销。

以公文柜的产品观念为例，有一家办公用公文柜的生产商，过分迷恋自己的产品质量与追求精美。生产经理认为，他们生产的公文柜是全世界质量最好的，从四楼上扔下来都不会损坏。当产品拿到展销会上推销时却遇到了强大的销售阻力，这使得生产经理难以理解，他觉得产品质量好的公文柜理应获得顾客的青睐。销售经理告诉他，顾客需要的是适合他们工作环境和条件的产品，没有哪一位顾客打算把他的公文柜从四楼扔下来。

（一）营销近视症，只顾产品，不顾顾客需求

只重视产品，认为只要质量过硬就一定有人买，没有考虑到顾客需不需要，企业的经营就会不稳定。

（二）过分追求完美，忽视市场变化

一味地追求质量，忽视市场的变化。市场多样化，变化迅速，不能抓住市场的变化，企业的眼界就很局限。

（三）忽视消费者活动和推销活动

企业的产品质量好，也需要活动推销，这样才能使更多的人了解到该产品。

想一想

产品导向营销观适用于什么样的人群？

实践活动

角色扮演——扮演买卖双方，探析产品导向营销的特点

【活动内容】

理论联系实际，分组互动，根据产品导向营销观的知识，模拟买卖

产品如皮鞋的场景，要求学生对产品导向营销观有正确的认识并致力于表现出消费者不同的需求，初步掌握产品导向营销的特点。

【活动要求】

（1）建立活动小组。学生自行组建活动小组，小组成员以3—5人为宜，每个小组推选一位组长。

（2）设定场景。结合产品设定不同的情形，通过买卖展示产品导向营销观的缺点。

（3）小组交流与补充。教师组织小组之间进行互评与交流。

案例分析

劳斯莱斯的营销

迄今，世界上最骄傲而总产量又最少的极品汽车可能就是劳斯莱斯了。劳斯莱斯的不同凡响之处在于：纵然你有万贯家产，金山银山，纵然你是首相、大臣、元帅、大使或大财阀，也不一定能买到。劳斯莱斯的牛气由此可见一斑。

劳斯莱斯从组装到试车，每一部分要花两个星期的时间。每一部劳斯莱斯车都非常坚固，且零故障、低耗油、低磨损。无论什么车型，当以每小时100公里的速度长时间行驶时，放在水箱上端的银币绝对不会掉下来（可证明其非常小的摇动性），车里也只能听到车内钟表秒针的滴答声（可证明其有非常小的噪声）。一战后，在所有汽车公开性能审查会上，它都拿到了"世界第一"。劳斯莱斯最有名的车型称为"银色幽灵"，这种银色车像幽灵一般不声不响，只管静悄悄地行驶。

劳斯莱斯的座右铭是"技术是崭新的，而且不被任何珍奇赶上"，"好的车子无论经过多少年都会被保持下去"。

劳斯莱斯公司还宣布劳斯莱斯的车体部分（格调与设备）可以按照客人的嗜好进行定制。劳斯莱斯不是只管卖"车"，而是要把"威信"与"名誉"卖出去。

【讨论】

结合所学知识分析劳斯莱斯公司的营销观念。

（资料来源：一点排行网）

第二节　推销导向营销观

知识准备

推销导向营销观产生于从卖方市场向买方市场过渡的阶段，1930
年左右，世界经济危机造成市场萧条、企业倒闭、工人失业，大批产品
卖不出去，出现了严重的供过于求的局面，这使企业认识到，即使产品
质量再好也不一定能卖出去，因此必须积极推销和促销，以刺激消费者
购买产品。于是企业开始关注顾客，研究吸引顾客的方法与手段。

一、经营理念

推销导向营销观的经营理念是：好坏都要靠吆喝。

推销观念，即销售管理哲学，产生于 20 世纪 20 年代末至 50 年代
之前，是被许多企业所遵循的另一种营销观念。这种营销观念的出发点
仍然是企业的生产能力与技术优势；其观念的前提是"只要有足够的
销售（推销或促销）力度，就没有卖不出去的东西"。其指导思想是
"我能生产什么，就销售什么；我销售什么，顾客就购买什么，货物出
门概不负责"。遵循这种营销观念，企业的主要任务是"加大销售力
度，想方设法将产品销售出去"。

下面以"耐克"运动鞋为例。运动鞋刚问世时，西方人认为它比
布鞋更为舒服、耐用，因此需求量很大。厂家认为不需要做什么宣传，
只要保证质量和控制成本及价格，即能获取大量利润。由于产品好销，
竞争者纷纷参与，竞争日趋激烈，从而使产品供大于求，陷于销售困
境。为此，厂家采取了种种推销的手法、招数，以刺激顾客的购买欲

望。当时耐克公司已意识到，不转变观念是不行的，于是从满足消费需求出发，开发新产品。经研究、试验，耐克公司发明了一种很有弹性、舒服而又能防潮的运动鞋，这就是"耐克"牌运动鞋。耐克公司把这种鞋作为"重型炮弹"发射到世界各地，结果"弹"无虚发，财源滚滚。

二、关注要点

推销导向营销观指导下，其关注要点是：有效的推销、促销工具和产品销售量。

这种营销观念认为，消费者通常表现出一种购买惰性或抗拒心理，如果听其自然的话，消费者一般不会足量购买某一企业的产品，因此，企业必须积极推销和大力促销，以刺激消费者大量购买本企业的产品。销售观念在现代市场经济条件下被大量用于销售那些非渴求物品，即购买者一般不会想到要去购买的产品或服务。许多企业在产品过剩时，也常常奉行销售观念。销售观念产生于资本主义国家由"卖方市场"向"买方市场"过渡的阶段，特别适用于供求平衡的"均衡市场"条件。

三、实现途径

推销导向营销观的主要实现途戏是：推销手段、促销工具、扩大销售渠道、增加推销人员、广告的狂轰滥炸、大量的经销商、大量的代理商等。

下面介绍一下汽车推销员的"推销术"。顾客到汽车样车陈列室，推销员就对顾客做心理分析。如顾客对正在展销的样车发生兴趣，推销员就会告诉顾客已经有人想购买它了，促使顾客立即做出购买决策。如果顾客认为价格太高，推销员故意请示经理可否降价，在顾客等了十分钟后，推销员告诉顾客"老板本不想降价，但我已说服他同意了"。

四、销售手段

推销导向营销观的主要销售手段是：人员推销、广告推销、电视推销、现场推销、上门推销、网上推销等。

五、局限性

该营销观的主要局限性有：

（1）忽视消费者需求，只注重现有产品的推销；

（2）太过于重视推销的手段，而忽略了产品的本质，舍本逐末；

（3）滥做宣传，损害消费者利益；

（4）宣传过度，夸大其作用，消费者感受不到该产品宣传的好处，长此以往对企业来说也是损害。

想一想

我们有没有被人推销过产品？他们都以什么样的方式推销？

实践活动

角色扮演法——模拟推销情形，发现推销营销观的特点

【活动内容】

结合生活中的推销情形，自由选择产品，运用不同的方法把产品卖出去，显示出推销导向营销观的特点。

【活动要求】

（1）建立活动小组。学生自行组建活动小组，小组成员以3—5人为宜，每个小组推选一位组长。

（2）设定场景。如卖保险，皮带等，可根据推销的方法手段，展示真实的推销场景。

（3）对每一组的推销情形进行分析。

（4）记录总结推销导向营销观的特点。

案例分析

雪佛莱和奥兹莫比尔的"买一送一"

美国的雪佛莱和奥兹莫比尔汽车厂的生意面临巨大的难题。它积压了一批"托罗纳多"牌轿车，由于未能及时脱手，资金不能回笼，仓租利息负担沉重，使工厂面临要倒闭的局面。

该厂的总裁对本厂经营和生产进行了反思，总结出自己企业经营失败的原因是推销方式不灵活，最后设计了一种大胆的推销方式"买一送一"，并在报刊刊登广告：谁买一辆"托罗纳多"，就可以免费获得一辆"南方"牌轿车。

买一送一的做法由来已久，但一般的做法是免费赠送一些小额的商品，如买录像机，送一盒录像带等。这种对顾客施以小恩惠的推销方式开始还起到过很大的促销作用，但后来慢慢不大起作用了。在美国这个社会，商业广告充斥每个角落，报纸、书刊、电视、电台、橱窗、路边、房顶等处五花八门的广告比比皆是，推销商品方法之多，范围之广，已使人有点视而不见，麻木不仁了。

雪佛莱和奥兹莫比尔汽车以"买一辆汽车赠送一辆汽车"的超群出众的方法，一鸣惊人，使许多对广告习以为常的人也刮目相看，并相互转告。许多人看了广告以后，不辞辛苦地远远跑来想看个究竟。该厂的经销部原本门可罗雀，一下子变得门庭若市了。

一些无人问津的积压轿车果真以15000美元一辆被人买走，该厂也一一兑现了广告的承诺，凡是购买一辆"托罗纳多"牌轿车者，则免费获得了一辆崭新的"南方"牌轿车；如买主不要赠送的轿车，可获4000美元的返款。

雪佛莱和奥兹莫比尔汽车厂实施的这一招，虽然致使每辆轿车少收入约5000美元，却使积压的轿车一售而空。事实上，这些轿车如果积压一年卖不出去,每辆轿车损失的利息和仓租、保养费也接近这个数了。

这一举动给工厂带来了源源不断的生意。更重要的是,它不但使"托罗纳多"牌轿车提高了知名度,增加了市场占有率,同时还推出了一个新牌子——南方牌。这种低档轿车开始以"赠品"作为托罗纳多牌轿车的陪嫁,随着赠送的增多,它慢慢也有名气了,许多低收入阶层的人前来购买它。这样,雪佛莱和奥兹莫比尔汽车也就厂也就起死回生了。

【讨论】

结合推销导向营销观分析雪佛莱和奥兹莫比尔汽车厂成功的经验,思考推销导向营销观适合的情形。

(资料来源:谢守中.市场营销实训指导 [M].武汉:华中科技大学出版社,2004.)

第三节　市场导向营销观

知识准备

市场导向营销观产生于 20 世纪 50 年代中期。第二次世界大战后,欧美各国的军事工业很快转向民用工业,工业品和消费品生产的总量剧增,造成了生产相对过剩,随之导致了市场上的激烈竞争。在这一竞争过程中,许多企业开始认识到传统的销售观念已经不能继续适应市场竞争的需要,于是它们开始关注消费者的需要和欲望,并研究其购买行为。企业开始将以生产管理为中心转向以消费者需求为中心,从此结束了企业"以产定销"的局面。

市场导向观念产生于买方市场。二战后各国经过恢复经济有了快速发展,产量上升导致市场供过于求,企业之间竞争激烈。发达国家实行高福利、高工资、高消费政策,消费规模和行为发生变化,市场变为买方市场。企业以销定产经营理念出现危机,最终使它们发现需求并满足需求，或顾客需要什么就生产什么。这种营销观念的出发点是顾客的需求，其观念前提是"产品只要能满足顾客的需求，就能销售出去"；其指导思想是"顾客需要什么，企业就销售什么，市场能销售什么，企业就生产什么"。遵循这种营销观念，企业的主要任务是需求管理，即"发现顾客需求，设法满足顾客需求，通过满足顾客需要，实现企业赢利的目的"。

一、经营思想

市场导向营销观的经营思想是：顾客就是上帝，以顾客为核心。

以通用汽车公司的经营观为例，二战以前，福特汽车公司依靠老福特的黑色 T 型车取得了辉煌的成就，但老福特过分相信自己的经营哲学，不理会市场环境的变化和需求的变动。而通用汽车公司的创始人斯隆觉察到战争给全世界人民带来的灾难，特别是从战场上回来的青年人，厌倦了战争的恐怖与血腥，期望充分的享乐，珍惜生命。因而，他们对汽车的需求不再只满足于单调的黑色 T 型车，希望得到款式多样、色彩鲜艳、驾驶灵活、体现个性、流线型的汽车。通用公司抓住需求变革的时机，推出了适应市场需要的车型，很快便占领了市场，把老福特从汽车大王的位置下拉了下来，取而代之成了新的汽车大王。

二、关注要点

市场导向营销观的关注要点是：消费者多样化的需要和欲望、使顾客得到满足。

三、实现途径

市场导向营销观的实现途径是：

- 顾客满意；
- 顾客忠诚；
- 关系营销；

- 消费者行为；
- 以用户为导向；
- 服务营销。

四、实现手段

市场导向营销观的实现手段是：

- 非价格竞争；
- 差异化；
- 集中化；
- 市场细分；
- 目标市场选择；
- 新产品；
- 营销战略；
- 营销策划。

五、局限性

市场导向营销观有局限性：

（1）在强调顾客需求的同时，忽视企业主动性需要；

（2）片面强调目标顾客利益，忽视其他利益的存在。

例如：汽车给人类带来了方便却危害了环境；口香糖满足了消费者爽口清心的需求，却造成了街道卫生问题；等等。

小结：在满足需要的同时还应兼顾生态、环保、健康。

想一想

推销与营销的区别？

实践活动

自主探究——了解企业市场导向营销观

【活动内容】

以小组为单位，分工合作，分别选择不同行业中有代表性或有较高知名度的企业，收集有关企业营销的材料，深入了解企业的营销活动。

【活动要求】

（1）建立活动小组。组长负责安排，充分利用各种信息资源。

（2）研究企业相关资料。做好记录，并从以下几个方面来关注企业：

①这些著名的企业是如何进入市场、占领市场或巩固市场的？

②企业在产品开发过程中是如何了解需求、分析需求和满足需求的？

③这些企业营销活动的开展地程中，哪些是值得我们注意的？

案例分析

宝洁公司的成功秘诀——消费者至上

1934 年，美国宝洁公司成立了消费者研究机构，成为在美国工业界率先运用科学分析方法了解消费者需求的公司。20 世纪 70 年代，宝洁公司成为最早一家用免费电话与客户沟通的公司，每年用多种工具和技术与全世界超过 700 万的消费者进行交流，建立了庞大的数据库，并把用户意见及时反馈给产品开发部，以求产品的改进。各种产品每年要做至少一次改进和改良，力求从产品质量、配方及包装设计上满足消费者。1946 年，宝洁在推出世界第一款高效合成洗衣粉"汰渍"后，已做了 60 多次改进。

结合宝洁的创业史分析宝洁通过"顾客第一"带来了哪些机遇和挑战，但同时又对自然资源、环境造成了什么影响？

（资料来源：《中外企业文化》汪继峰 宝洁品牌的文化底蕴 Doi：10. 3969/j. issn. 1006－6462. 2002. 06. 007）

第四节 关系导向营销观

知识准备

进入 20 世纪 80 年代以后，企业为最大限度地满足顾客的需求，导致自然环境不断恶化、资源浪费越来越严重，相关的社会问题也越来越多，损害了社会和消费者的长远利益。这时出现了新的营销观念——关系导向营销观，强调企业的经营活动必须考虑企业的利润、顾客需求的满足和社会利益三者的统一，在保持或提高消费者和社会福利的情况下，比竞争者更有效地满足市场的需求。

关系导向营销是指在市场营销、企业与消费者、竞争者、分销商、供应商、政府机构和互动的公共营销过程中，其结构包括外部消费者市场、内部市场、竞争者、分销商市场，核心是维护个人或集体有直接或间接的营销关系。导向营销是对称的交易营销建议，原因很简单，由于交易营销建立品牌的忠诚度并不稳定，回头客太少，而实际业务中有些企业是一次性交易。加强不同的企业和客户之间的关系是为了扩大回头客，提升关系营销的比例。

一、经营思想

关系导向营销观的主要经营思想是：同时满足公司利润、消费者需求、社会利益。

二、关注要点

该营销观念的关注要点在于公司、社会、环境、可持续发展。

关系导向营销的本质特征——双向信息沟通：在关系营销中，沟通是双向的而不是单向的。信息和信息只有交流、广泛共享，才可以使企业赢得所有利益相关者的支持与合作。合作策略的过程：随着双方相得益彰的共同行动，以实现各方的目标进行有利的行动协调，可以说是协调关系的最高目标。互惠互利的营销活动：关系导向营销的目的是通过牺牲一方或双方当事人的利益，以增加其他各方的利益，通过合作来提高各方面的利益。

三、实现途径

关系导向营销观的实现途径：

- 环境保护；
- 绿色产品；
- 绿色营销；
- 资源节约。

四、销售手段

关系导向营销观影响下，企业的销售手段是：

- 生态保护；
- 环保形象；
- 原材料的节约；
- 替代品；
- 不可再生资源的利用；
- 废物回收和利用；
- 公平竞争。

五、具体策略

遵循关系导向营销观，企业要坚持以下具体策略。

（一）树立以顾客为中心的经营理念

顾客是企业生存发展的基础，市场竞争的实质就是争夺顾客。企业要有效地实施顾客关系营销策略，首先要树立"顾客就是上帝"的经营理念，企业的一切政策和行为都必须以顾客的利益和要求为导向，并贯穿到企业生产经营的全过程。

（二）了解顾客的需要，提高顾客满意度

了解顾客的需要是企业提高顾客满意度的前提。顾客导向型观念的企业必须从顾客的观点出发来定义顾客的需要。顾客的需要可以分为五种类型：说出来的需要（如顾客想要一辆昂贵的汽车）；真正的需要（如顾客所需要的这辆汽车，开起来很省钱，而其最初的价格却不低）；没有说出来的需要（如顾客想要获得的优质服务）；满足后令人高兴的需要（如顾客买车时，获得一份道路图）；秘密需要（如顾客想被他的朋友看成识货的人）。企业要了解消费者的这五种需要，必须进行深入的消费者调查，必须有敏感的反应。设计者应该先知道顾客的需要与选择，然后设计产品和服务。

（三）科学地进行顾客关系管理，培养顾客忠诚度

要提高顾客满意度，建立顾客对企业和产品品牌的忠诚，企业必须以"顾客为中心"来管理他们的价值链及整个价值让渡系统。在关系营销模式下，企业的目标不仅要赢得顾客，更重要的是要维系顾客，保持顾客比吸引顾客对扩大企业利益更见成效。而保持顾客的关键在于使其满意、十分满意、高兴或喜悦。但是，这并不意味着企业必须对其所有的顾客实行同样的营销手段，才能达到这种目的。因为企业所面临的市场是不同的，顾客对企业产品和服务的要求和期望值也不同。企业必须对不同的细分市场或不同的顾客采取不同的营销策略和营销投入。

实践活动

自主探究——对比四种不同的营销观念

【活动内容】

以组为单位，从四种不同的营销观念出发，分别从关注点、时间、方法、目标、核心思想进行比对，分析哪一种更适合可持续的发展？

【活动要求】

（1）建立活动小组。组长负责安排，绘制表格进行比对。

（2）总结相关内容，应特别注意以下问题的关注：

①小组分析说明各种营销观念的突出特点。

②举例分析关系营销的企业特点。

案例分析

罗迪克美容院的业务

1976 年，安妮塔·罗迪克在英国的布赖顿开设了一家化妆品专卖店，名为美容院，现在发展到 41 个国家，共有 700 多家分店。美容院每年的销售成长率达到 60% 至 100%，1991 年收入达到 1.96 亿美元，税前利润 3400 万美元。

她的公司只生产和销售以天然配料为基础的化妆品并且包装是可回收利用的，该配料以植物为基础且常常来自发展中国家，以帮助那里的经济发展，所有产品的配方均非采用动物试验。她的公司每年将一定比例的利润捐给动物保护组织、无家可归者、保护雨林组织和其他社会事业。由于公司的社会观念，许多顾客乐以光顾，她的雇员和专营者还经常投身于社会事业。

罗迪克曾经这样评价道：我认为最重要的是，我们的业务不仅是头发和皮肤的保养，而且还应包括社会、环境和除化妆品以外的更广大的外部世界。

罗迪克美容采用的营销是什么？根据所学内容分析它的营销观。

（https://www.jinchutou.com/p-74732915.html）

第二篇　分析篇

市场营销环境是企业营销活动的出发点、依据和最基本的制约性条件。市场环境的变化既给企业带来了有利于发展的市场机会，又给企业带来了不利于发展的环境威胁。市场营销活动是消费者做出积极反应的动态过程。本篇将进入市场营销环境了解营销环境的概念构成，认识宏观环境与微观环境的因素，把握市场营销环境因素对营销工作的影响，掌握影响消费者购买行为的主要因素，理解其主要因素对企业营销活动的影响，让学生通过对具体产品或行业中的消费者行为分析，确定影响消费者行为的主要因素，以培养学生对消费者行为的分析能力和判断能力。

本篇学习目标

当你学完本篇后，应该能够做到以下几点。

● 了解市场营销环境对市场营销活动的重要影响，明确市场营销的概念及构成。

● 能初步运用营销环境的知识分析企业面临的微观和宏观市场营销环境因素。

● 掌握影响消费者购买行为的主要因素及竞争者行为的因素，理解其主要因素对企业营销活动的影响，让学生通过对具体的产品和行业的行为来分析，培养学生对消费者行为及企业竞争行为的分析能力和判断能力。

第一章　市场营销环境概述

按照菲力普·科特勒的解释，市场营销环境是影响企业的市场和营销活动的不可控制的参与者和影响力，具体地说就是"影响企业的市场营销管理能力，使其能否卓有成效地发展和维持与其目标顾客交易及关系的外在参与者和影响力"。企业市场营销环境的内容既广泛又复杂，不同的因素对营销活动各个方面的影响和制约也不尽相同，同样的环境因素对不同的企业所产生的影响和形成的制约也会大小不一。根据企业对环境因素的可控度，企业营销环境可分为市场宏观环境和市场微观环境。

第一节　宏观环境要素

知识准备

宏观环境要素指对企业营销活动造成市场机会和环境威胁的主要社会力量。分析宏观营销环境的目的在于更好地认识环境，通过企业营销努力来适应社会环境及变化，达到企业营销目标。宏观营销环境的因素包括人口环境分析、经济环境分析、自然环境分析、技术环境分析、政治法律环境分析、社会文化环境分析。

一、人口环境

市场是由人组成的，公司要监视的第一个因素是人口，因为人口是构成市场的第一位因素。营销人员深感兴趣的是人口总量、年龄结构、地理分布、家庭组成、人口性别。

（一）世界人口发展的动向

- 美国、西欧等发达国家人口出生率下降
- 人口趋于老龄化
- 家庭规模趋于小型化
- 西方国家非家庭住户迅速增加
- 一些国家人口流动性加大
- 发展中国家人口城市化浪潮迅猛
- 妇女就业比重上升，"蓝领"减少，"白领"增加
- 很多国家的人口由多民族构成

（二）我国人口的特点

- 人口总数超过 13 亿，显示出巨大的发展潜力
- 东南半壁占总人口 94%（以漠河—腾冲一线为界），决定了营销重点是该线的东南地区
- 出生率大幅度下降，人口老化速度将大大高于西方发达国家，65 岁以上老人已达到总人口的 7%
- 农业人口比重大，近年出现向非农产业转移的现象
- 家庭规模小型化
- 民族众多，风俗习惯各异

二、经济环境

市场的基本要素之一是购买力，而总的购买力是与收入水平、居民储蓄和信贷等因素密切相关的。

（一）消费者收入

随着经济的发展，工资指数正逐年递增，但通货膨胀有时却会带来实际收入水平的下降，从而造成购买力相对不足，给企业营销带来影响。

（二）支出模式和消费结构：恩格尔系数

恩格尔系数 = 食物支出金额 ÷ 总支出金额 × 100%

　　恩格尔定律主要表述的是食品支出占总消费支出的比例随收入变化而变化的趋势。它揭示了居民收入和食品支出之间的相关关系，用食品支出占消费总支出的比例来说明经济发展、收入水平对生活消费的影响程度。众所周知，吃是人类生存的第一需要，在收入水平较低时，其支出在所有消费支出中必然占有重要地位。随着收入的增加，在食物需求基本满足的情况下，消费的重心才会开始向穿、用等其他方面转移。因此，恩格尔系数越大，说明一个国家或一个家庭生活越贫困；反之，恩格尔系数越小，说明生活越富裕。

　　（三）储蓄及信贷（教育，住宅）

　　消费者的收入储蓄是一种潜在的购买力。储蓄的形式包括银行存款、购买公债、股票和不动产等，这些都可以随时转化为现实的购买力。在正常情况下，银行储蓄与国民收入成正比。但当通货膨胀物价上涨时，消费者会将储蓄变成现金，争购保值品。

三、自然环境

　　企业的自然环境主要是由所在国家的全部自然资源组成的，企业经营的产品种类数量成本及价格不可避免地受到其所需资源储存量、开采量的影响，主要应把握以下三个方面。

　　（一）可更新资源（生物，土地，水等）

- 资源紧缺的不可更新资源（矿产，煤，石油等）
- 恒定资源（太阳能，风力等）

　　（二）营销对策

- 寻找代用品（如以铝代铜等）
- 节能和降低原材料消耗
- 加强"三废"利用（如发电厂生产水泥）
- 利用价格调节（价格是反映资源余缺的灵敏信号）

　　（三）环境保护

- 行政措施和手段

- 经济刺激手段
- 法律手段

四、技术环境

技术环境的关键是把不可能变为可能，主要应把握以下几个方面。

- 新技术引起经济结构的变化，为某些企业提供了新机会
- 为我国企业市场营销发展提供了新机会（新行业，传统产品优势，外向型经济）
- 高额的研究与开发预算
- 新技术对消费者购买行为的影响（提供产品，唤起欲望，如信息高速公路）
- 引起营销策略的变化

（1）产品——寻求新科技来源，新技术的专利保护。

（2）分销——特点商店。

（3）价格——价值，供应，竞争规律。

（4）促销——广告。

五、政治法律环境

- 政治局势（如海湾战争、加入 WTO 等）
- 法律、法规（专利、商标、广告、企业、食品卫生、环境保护等）
- 有关经济方针、政策（人口、产业、物价、财经等）

六、社会文化环境

社会文化是一个社会的民族特征、价值观念、生活方式、风俗习惯、伦理道德、教育水平、语言文字、社会结构的总和。生活在不同的社会文化背景下的人们对产品的需求会产生不同的差异，这是营销人员必须考虑的一个因素。社会文化环境具体包括教育水平、宗教信仰、价值观念、消费习俗、消费流行趋势等。

实践活动

自主探究——模拟公司宏观环境的分析

【活动内容】

理论联系实际，通过调查、访谈等途径，真实与模拟相结合。根据市场营销宏观环境的概念及因素，具体分析宏观环境因素是如何影响企业运营的，明确分析宏观环境的目的。

【活动要求】

（1）结合学生的模拟公司所选择的行业，先准备一份与之对应的典型的行业环境分析案例资料，让学生阅读。

（2）建立模拟公司宏观环境分析表格，开展探究，并将结果填入表格。

（3）初步调查与研究。利用课外时间通过实地调查访谈等方法分析影响模拟公司宏观环境的因素；讨论环境因素会给公司带来哪些机遇和挑战。

（4）深度调查与探究。由组长按照影响宏观环境的因素对组员做进一步的分工，深度调查模拟公司行业背景相同的宏观因素，分析该因素是如何影响企业的宏观营销活动的。

（5）总结与交流。参考影响背景行业的宏观环境因素，形成模拟公司的调查报告。

案例分析

肯德基的"入乡随俗"

商海沉浮，世事难料。1973年9月，香港市场的肯德基公司突然宣布多间家乡鸡快餐店停业，只剩下四间还在勉强支持。

肯德基家乡鸡采用当地鸡种，但其喂养方式仍是美国式的，用鱼肉喂养出来的鸡破坏了中国鸡的特有口味。另外家乡鸡的价格对于一般市民来说有点承受不了。

在美国，顾客一般是驾车到快餐店，买了食物回家吃。因此，在店内通常是不设座位的。因此，香港的肯德基快餐店仍然采取不设座位的服务方式。

为了取得肯德基家乡鸡首次在香港推出的成功，肯德基公司配合了声势浩大的宣传攻势，在新闻媒体上大做广告，采用该公司的世界性宣传口号"好味道舔手指"。

凭着广告攻势和新鲜劲儿，肯德基家乡鸡还是火红了一阵子，很多人都乐于一试，一时之间也门庭若市。可惜好景不长，3个月后，就"门前冷落鞍马稀"了，到1975年2月，首批进入香港的美国肯德基连锁店集团全军覆没。在世界各地拥有数千家连锁店的肯德基为什么唯独会在香港遭受如此的厄运呢？经过认真总结经验教训，他们发现是中国人固有的文化观念决定了肯德基的惨败。

10年后，肯德基带着对中国文化的一定了解卷土重来，并大幅度调整了营销策略。广告宣传方面低调，市场定价符合当地消费，市场定位于16岁至39岁的人。1986年，肯德基家乡鸡新老分店的总数在香港已达716家，占世界各地分店总数的十分之一，成为香港快餐业中，与麦当劳、汉堡包皇、必胜客并称的四大快餐连锁店。

讨论：肯德基公司20世纪70年代为什么会在香港全军覆没？20世纪80年代该公司为什么又能重新取得辉煌的成绩？

（资料来源：www.doc88.com/p–6611238108905.html）

第二节　微观环境要素

知识准备

与宏观环境因素相比，微观营销环境是直接制约和影响企业营销活动的力量和因素。分析微观营销环境的目的在于更好协调企业与相关群体的关系，促进企业营销目标的实现。微观营销环境是指对企业服务其顾客的能力直接构成影响的各种力量，包括企业本身及其市场营销渠道企业、顾客、竞争者和各种公众。

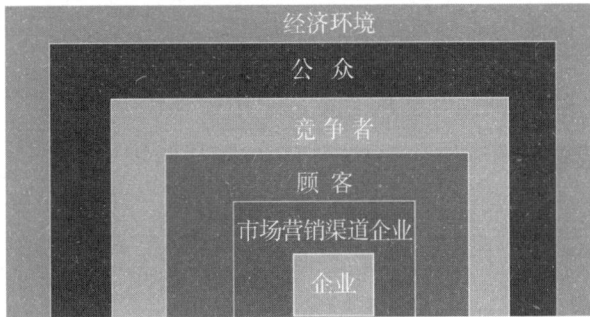

图 2 - 1　微观营销环境

一、企业内部市场营销渠道

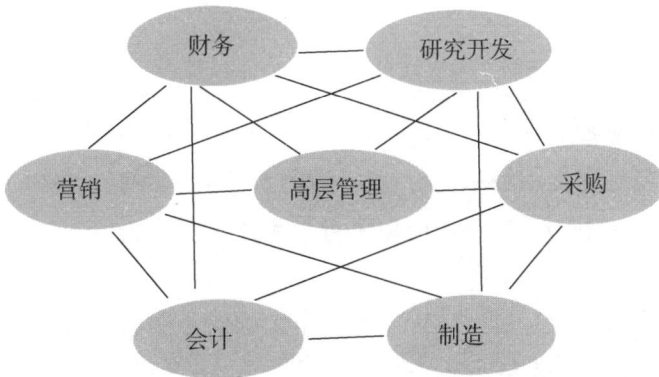

图 2 - 2　企业内部市场营销渠道

二、供应商

供应商是向企业及竞争者提供生产经营所需资源的企业或个人，包括提供原材料、设备、零配件、能源、劳务资金及其他用品等。供应商供货的质量水平直接影响到企业产品的质量，供货的价格水平直接影响到企业的销售量和利润，供货的稳定性与及时性影响着企业能否按期供货。因此营销人员对供应商要充分认识并采取各种办法力求降低采购成本，尤其要使自己的供应商多样化。

三、营销中间商

营销中间商主要是指协助企业促销销售和经销其产品给最终购买者的机构，主要包括中间商（有商人中间商和代理中间商）、物流公司、营销服务机构（如营销研究公司、广告公司）、传播公司等。

四、顾客

- 消费者市场
- 生产者市场
- 中间商市场
- 非营利组织市场
- 国际市场

五、竞争者

竞争者是指在市场中同行业、不同行业和潜在的、现实的竞争者的总和。企业在市场上所面对的竞争者，大体上可分为以下四种类型。

（一）愿望竞争者

愿望竞争者指提供不同产品以满足不同需求的竞争者。

（二）属类竞争者

属类竞争者指提供不同产品以满足同一种需求的竞争者。

（三）产品形式竞争者

产品形式竞争者指满足同一需要的产品的各种形式间的竞争者。

（四）品牌竞争者

品牌竞争者指满足同一需要的同种形式产品不同品牌之间的竞争者。

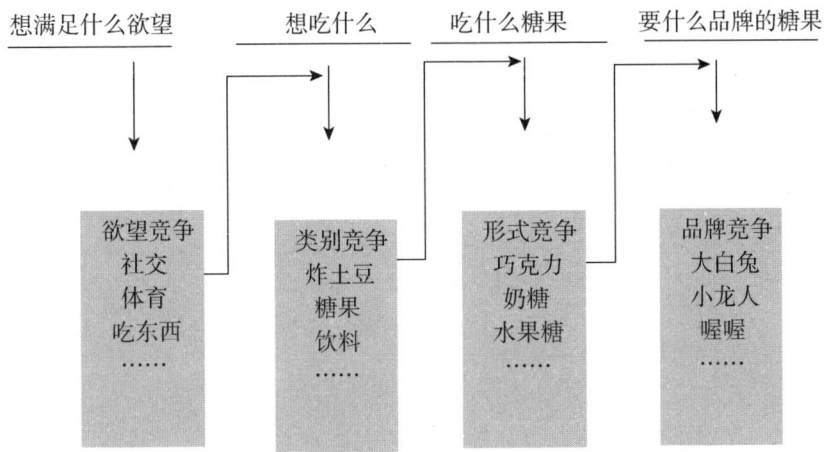

图 2 - 3　竞争者类型

六、公众

公众是对企业经营活动有实际或潜在兴趣和影响的团体。

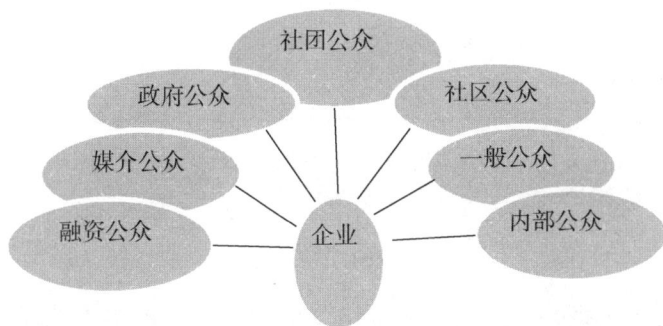

图 2 - 4　公众

 **实践活动**

自主探究——模拟公司微观环境的分析

【活动内容】

理论联系实际，通过调查、访谈等途径，真实与模拟结合，学会分析微观环境中公司的供应商、营销中介、顾客、竞争者及社会公众等因素。根据微观环境的内容分析影响微观环境的因素是如何影响企业运营的，明确分析微观环境的目的。

【活动要求】

（1）结合模拟公司所选择的行业，先准备一份与之对应的典型的行业环境分析案例资料，让学生阅读。

（2）以上一节的模拟公司为单位开展探究，绘制模拟公司微观环境分析表格。

（3）初步调查与研究。利用课外时间通过实地调查访谈等方法分析影响模拟公司微观环境的因素。讨论环境因素会给公司带来哪些机遇和挑战。

（4）深度调查与探究。由组长按照影响微观环境的因素对组员做进一步的分工。深度调查模拟公司行业背景相同的微观因素分析，该因素是如何影响企业的营销活动的。

（5）总结与交流。参考影响背景行业的微观环境因素形成模拟公司的调查报告。

案例分析

安利的成功转型

自 1990 年雅芳以单层直销模式登录中国后，各地"老鼠会"打着直销的旗号在全国兴风作浪，规范的直销公司与非法"老鼠会"鱼龙混杂，一时间传销遍布大街小巷。"老鼠会"的异常猖獗，不仅扰乱市场秩序，引起了消费者强烈不满，更是引发了社会问题，甚至成为一种非法融资的诈骗活动。

对于刚走进中国市场，正处于大发展时期的安利来说，1998 年 4 月 21 日《国务院关于禁止传销经营活动的通知》的正式出台，无异于当头一棒。安利在全世界采用的营运模式在中国遇到挫折，公司面临生死存亡的艰难抉择，经过安利（中国）的不懈努力，中国政府经过三个月的研究，于 1998 年 7 月 21 日特批了安利（中国）采用"自设店铺＋雇用推销员"模式，允许其保留直销核心理念转型经营。

之后，由于原有销售模式的终止及政策方面的影响，1998 年，安利的销售额曾急剧下滑。1999 年，安利（中国）提出了多项振兴计划，建立了 58 家专卖店，产品实行明码标价，顾客看得见摸得着，从根本上废除了层层加价的传销方式，把部分产品的价格下调 30%，调整销售佣金的相对净营业额，雇用营业代表推广安利产品，引进营业主任和营业经营称号等。与此同时，安利（中国）还依靠八折优惠模式吸引了大量的长期顾客。公司业绩开始复苏，至 2000 年，安利业绩取得了突飞猛进的发展，销售额达到了 24 亿元，比转型前几乎增加了一倍，2013 年，安利（中国）实现销售额近 293 亿元人民币。

"自设店铺＋雇用推销员"的模式既保持了安利自己的特色，又适应了中国国情。

【讨论】

（1）安利公司的哪些营销环境发生了变化？

（2）安利公司在中国市场获得经营成功的原因是什么？

（资料来源：中国商业评论 http：//biz.163.com）

第三节　环境分析和企业对策

知识准备

营销环境的分析使营销企业能识别营销机会和发现环境威胁，以提高企业对环境的适应性。

一、环境威胁与市场机会

环境威胁是指环境中不利的发展趋势所形成的挑战和干扰，若不采取果断的市场营销行动，其将会损害企业的市场地位。

市场营销机会是对企业市场营销管理富有吸引力、享有差别利益的领域或范围。在该领域内，企业将拥有竞争优势。

二、威胁与机会的分析、评价

企业面对威胁程度不同和市场机会吸引力不同的营销环境，需要通过环境分析来评估环境机会与环境威胁。

企业内部能力 strength	企业薄弱点 weakness	企业外部机会 opportunities	企业外部威胁 threats
企业独有的能力、充足的资金来源、纯熟的竞争技巧、市场领先者的承认、达到规模经营、技术方面的专利、产品创新、良好的管理、成本方面的优势等	无明确的战略方向、每况愈下的竞争地位、过时的销售促进方式、管理深度和管理才能的缺乏、过于狭窄的产品线、没能力根据战略的变化筹措资金等	向新增加的消费者群体的服务、进入新的市场、扩充产品线以满足更大范围消费者需求、相关产品的多样化、增加产品的附加部分、产品垂直一体化、市场销售高增长等	新的竞争对手可能进入、替代性产品销售增长、不利于企业发展的政府政策、日益增长的竞争压力、顾客需要与爱好方面的变化、对企业不利的人口因素的变化等

图 2-5 SWOT 分析法

（一）环境威胁矩阵

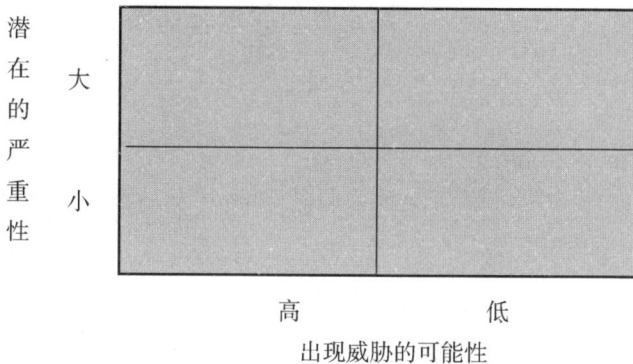

图 2-6 环境威胁矩阵

（二）市场机会矩阵

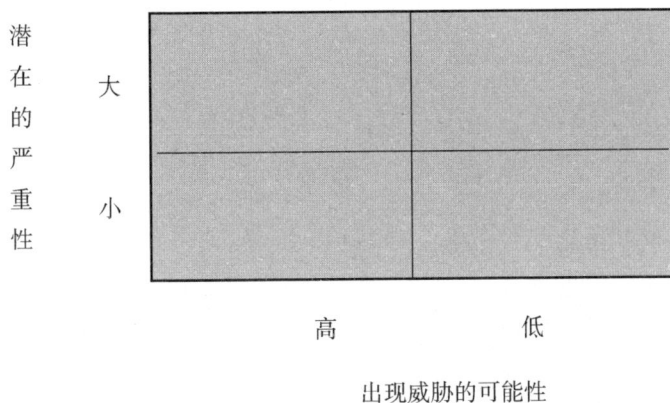

潜在的严重性

大

小

高　　　　　低

出现威胁的可能性

图2-7　市场机会矩阵

（三）环境分析综合评价表

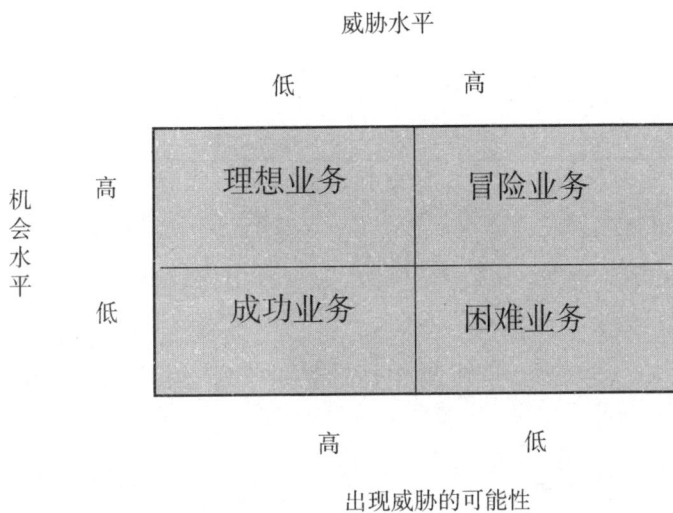

威胁水平

低　　　　　高

机会水平

高

理想业务	冒险业务
成功业务	困难业务

低

高　　　　　低

出现威胁的可能性

图2-8　环境分析综合评价表

对市场机会的分析，还必须深入分析机会的性质。

- 环境市场机会与企业市场机会

- 行业市场机会与边缘市场机会
- 目前市场机会与未来市场机会
- 全面的机会与局部的机会

三、企业市场营销对策

对理想业务：必须抓住机遇，迅速行动。

对冒险业务：应全面分析自身优势与劣势，扬长避短，创造条件，争取突破性的发展。

对成熟业务：可作为企业的常规业务，维持企业的正常运转，并为开展理想业务和冒险业务准备必要的条件。

对困难业务：要么努力改变环境，走出困境或减轻威胁；要么立即转移，摆脱无法扭转的困境。

实践活动

绘制 SWOT 分析图

【活动内容】

以个人为单位，为个人的专业成长做 SWOT 分析。

【活动要求】

（1）熟悉 SWOT 分析的方法，从自身出发，探析自身的优势、机会、劣势、威胁。

（2）总结与交流。随机选出几位同学的分析，相互交流，相互进步。

案例分析

中国劲酒进入高端餐饮

一、劲酒系列产品进入高端餐饮的优势分析

劲酒酒度适中，酒体醇厚，同样能够让消费者享受饮酒的乐趣，并

能让消费者同时得到身体的滋补和保健。

劲酒的口感很好，且较有特色。

劲酒在餐饮市场已经形成了较大的知名度和影响力。

此次在产品价格体系制定时充分考虑到酒楼的运作成本，我们会保持较高的投入比例并灵活运用酒楼促销手段来做好终端的维护与推广。

劲酒使用全新批文和配方，包装精美，消费价格适中并拥有一定的优势。

二、劲酒系列产品进入高端餐饮的劣势分析

高端餐饮消费场所目前没有保健酒同类产品，我们在独力开拓此市场。

消费者前期对劲酒的品牌认知和产品认知多来自小方劲，品牌形象和品牌附加值需要提升。

劲酒不宜过量饮用，否则醉后比白酒更难受。

白酒、红酒和啤酒等品类特点消费者已清晰认知，但大部分消费者对保健酒并不了解，需要引导消费。

高端餐饮的进入门槛很高，终端投入费用较高。

三、劲酒系列产品进入高端餐饮的机会分析

消费者饮酒的习惯和意识在发生改变，对保健的要求也日益强烈，但在餐饮业尚无能够满足这类需要的产品（对相当部分酒类消费群，红酒显然酒度太低，且价格太高，难当此任）。

相对白酒的同质化和无序竞争，劲酒可借势进入，形成独特的品牌个性和产品形象，代表文明的饮酒习惯，成为消费者适量饮酒、文明饮酒的理由。

四、劲酒系列产品进入高端餐饮的威胁分析

高端餐饮是所有中高价位白酒和红酒必争的细分市场，竞争非常激

烈。38度劲酒和35度劲酒在部分中档餐饮终端并存，会相互形成竞争。部分消费者在高端餐饮场所接受劲酒可能还需要一个过程。

高端市场的运作是劲牌公司过去尝试较少的，而且目前大部分劲酒经销商在此类终端上也缺乏经验。

（资料来源：中国营销传播网）

第二章　消费者购买行为分析

第一节　消费者市场与消费者行为

消费者市场是消费品生产经营企业市场营销活动的出发点和归宿点，也最终决定着工业品生产经营企业的市场需求水平。各类企业特别是消费品生产经营企业要提高市场营销效益，实现企业发展的愿景，就必须深入研究消费者市场和消费者行为的规律性，据此进行市场细分和目标市场选择，有的放矢地制定市场营销组合策略。

知识准备

一、消费者市场

消费者市场是个人或家庭为了生活消费而购买产品或服务所形成的市场。生活消费是产品或服务流通的终点，因而消费者市场也称为最终产品市场。消费者市场是现代市场营销理论研究的主要对象，是一切市场的基础，其主要的特点有以下几点。

（一）广泛性

社会中的每一个人都不可避免地会发生消费行为或消费品购买行为，从而成为消费者市场的一员，因此，消费者市场人数众多，范围广泛。

（二）分散性

消费者市场的购买者大多是个人或家庭，家庭商品储藏空间有限，购买大量商品不易存放，家庭人口较少，商品消耗量不大，而现代市场商品供应丰富，购买方便，随时需要，随时购买，不必大量储存。这些都使消费者的购买呈现出分散性的特点。

（三）复杂性

消费者受到年龄、性别、身体状况、性格、习惯、偏好、职业、收入、受教育程度和市场环境等多种因素的影响而具有不同的消费需求和消费行为，所购商品的品种、规格、质量、花色和价格也千差万别。

（四）易变性

消费需求具有求新求异的特性，要求商品的品种、款式不断翻新，有新奇感，不喜爱一成不变的老面孔。随着市场商品供应的丰富和企业竞争的加剧，消费者对商品的挑选性增强，消费风潮的变化速度加快，商品的流行周期缩短，千变万化，往往令人难以把握。

（五）发展性

人类社会的生产力和科学技术总是在不断进步，新产品不断出现，消费者收入水平不断提高，消费需求也就呈现出由少到多、由粗到精、由低级到高级的发展趋势。"发展性"与"易变性"都说明消费需求的变化，区别在于"易变性"说明变化的偶然性和短期现象；"发展性"说明变化的必然性和长期趋势。"易变性"说明与科技进步无关的变化，"发展性"说明与科技进步有关的变化。

（六）情感性

消费品有千千万万，消费者对所购买的商品大多缺乏专门的甚至是必要的了解，对质量、性能、使用、维修、保管、价格乃至市场行情都不太了解，只能根据个人喜好和感觉做出购买决策，受情感因素影响大，受企业广告宣传和推销活动的影响大。

（七）伸缩性

消费需求受消费者收入、生活方式、商品价格和储蓄利率影响较大，在购买数量和品种选择上表现出较大的需求弹性或伸缩性。收入多则增加购买，收入少则减少购买。商品价格高或储蓄利率高的时候减少消费，商品价格低或储蓄利率低的时候增加消费。

（八）替代性

消费品种类繁多，不同品牌甚至不同品种之间往往可以互相替代。如洗手液对香皂的替代，不同品牌洗衣粉可以互相替代，毛衣与皮衣虽属不同种类也可互相替代。

（九）地区性

同一地区的消费者在生活习惯、收入水平、购买特点和商品需求等方面有较大的相似之处，而不同地区消费者的消费行为则表现出较大的差异性。

（十）季节性

分为三种情况，一是季节性气候变化引起的季节性消费，如冬天穿棉衣，夏天穿单衣，热天买冰箱，冷天买电热毯等；二是季节性生产所引起的季节性消费，如春夏季是蔬菜集中生产的季节，也是蔬菜集中消费的季节；三是风俗习惯和传统节日引起的季节性消费，如端午节吃粽子，中秋节吃月饼等。

二、消费者行为

消费者行为是指消费者在内在和外在因素的影响下挑选、购买、使用和处置产品或服务以满足自身需要的过程。消费者行为直接决定了营销企业的产品研发、销售、利润乃至兴衰。消费者市场研究的核心实质上就是消费者购买行为的研究。

消费者购买行为模式中比较有代表性的是"刺激—反应"模式。如果把人类的行为简单归纳为刺激与反应的过程，那么作为营销者，你的使命就是通过分析刺激与反应的关系，来把握和改变消费者的行为。其中，刺激分为营销刺激和环境刺激，当这种刺激进入到购买者意识后，购买者会通过内部处理，然后形成一定的反应，即购买的决定（见图2-9）。

外界刺激		购买者黑箱		购买者决策
营销刺激	环境刺激	购买者特征	购买者决策过程	产品选择
产品	经济	文化	确认需要	品牌选择
价格	政治	社会	信息收集	经销商选择
分销	科技	个人	选择评价	时间选择
促销	文化	心理	购买决策	地点选择
			购后过程	

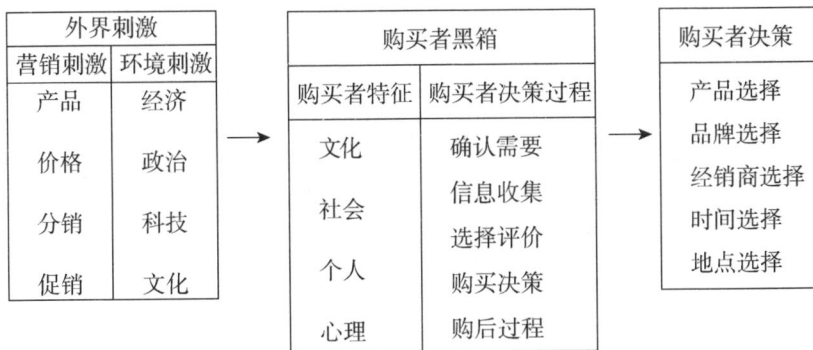

图 2 - 9　消费者购买行为"刺激—反应"模式

所谓内部处理，是指当刺激进入到购买者意识后，不能直接引起购买者的反应，而是要经过购买者黑箱这一中介环节才能产生一系列可观察到的购买者反应。实际上，购买者黑箱是购买者接受外界刺激时的所思所想，是购买者进行信息处理的过程。消费者的个性决定了该消费者是如何理解外界刺激并如何进行决策的。因此，购买者黑箱由两个部分组成：一是购买者特性，二是购买者的决策过程。购买者将外界刺激经过黑箱处理后，便会产生一系列看得见、摸得着的反应，即对商品和品牌的选择等，最终形成购买行为。

实践活动

【活动内容】

学生以小组为单位，3—5 人为一组，针对某种消费品或者某家商店的商品进行实地调查，观察该商品所属市场的特征。

【活动要求】

对观察所了解的相关信息进行分析，特别是对每一类商品销售中企业营销工作的重点进行讨论分析，并记录总结归纳相关信息（注意：调查消费品或商品的种类至少三种）。

案例分析

把梳子卖给和尚

某公司创业之初，为了选拔真正有才能的营销人才，要求每位应聘者必须经过一道测试，就是想办法把木梳尽量多地卖给一个特别指定的人群：和尚。

几乎所有应聘者感到困惑不解，都表示怀疑，甚至愤怒，出家人剃度为僧，要木梳有何用？向和尚卖梳子岂不是神经错乱，怎么可能呢？搞错了没有，这不是拿人开涮吗？许多人因此打了退堂鼓，几乎散尽。最后只剩下三个应聘者小伊、小石和小钱勇敢地接受了挑战……

一个星期的期限到了，三人回公司汇报各自的销售成果。

负责人问小伊："卖出多少？"

答："一把。"

"怎么卖的？"

小伊讲述了历尽的辛苦。他跑了三座寺院，受到众和尚的指责甚至追打，但仍然不屈不挠，好在下山途中遇到一个小和尚一边晒太阳，一边使劲挠着头皮。他灵机一动，递上木梳，小和尚用后满心欢喜，于是买下一把。

负责人又问小石："你卖出多少？"

答："10 把"。

"怎么卖的？"

小石说他去了一座名山古寺。山高风大，把前来进香的人的头发都吹乱了。小石找到了寺院的住持说："蓬头垢面是对佛的不敬。应在每座庙的香案前放把木梳，供人们梳理鬓发。"住持方丈认为有理，就采纳了小石的建议。那山共有 10 座庙，10 座香案，于是他卖了 10 把木梳。

负责人又问小钱："你卖出多少？"

答："1000 把。"

负责人惊问："怎么卖的？

小钱说他到一个颇具盛名、香火极旺的深山宝刹，朝圣者如云，施主络绎不绝。小钱对住持方丈说："凡来进香朝拜者，都有一颗虔诚之心，宝刹应有所回赠，以作纪念，保护其平安吉祥，鼓励其多做善事。我有一批木梳，您的书法超群，可刻上'积善梳'三个字，然后便可做赠品。"住持方丈听罢大喜，立即买下 1000 把木梳，并请小钱小住几天，共同出席了首次赠送"积善梳"仪式。得到"积善梳"的施主与香客很是高兴，一传十，十传百，朝拜者更多，香火也更旺了。于是，方丈再次向小钱订货。同时住持方丈希望小钱再多卖一些不同档次的木梳，以便分层次地赠给各种类型的施主与香客。

这样，小钱不但一次卖出 1000 把梳子，而且还获得了长期订货。由于小钱过人的智慧，公司决定聘请他为市场部主管。

【思考】

（1）和尚有买梳子的需要和动机吗？

（2）根据对消费者市场和消费者行为的认识，你还有其他的营销方案吗？

（资料来源：百度文库）

第二节　影响消费者购买行为的主要因素

知识准备

消费者对商品的需要和欲望，消费者的消费习惯和行为是在许多因素的影响下形成的。这些因素可分为文化、社会、个人和心理等多个方面。每个因素对消费者的购买行为的影响程度都有所不同，营销者要准确把握消费者的购买行为，必须分析影响消费者购买行为的有关因素，才能有效地开展市场营销活动。

一、文化因素

文化因素是影响消费者行为最广泛的因素，主要包括文化和亚文化及社会阶层等。

（一）文化和亚文化

文化属于意识形态的范畴，它会对消费者的需要和购买行为产生很大的影响。每个人经过后天的教育、家庭或地区文化背景的熏陶，都形成了其基本的价值观和兴趣、爱好等，这些将自觉或不自觉地影响消费者对商品的选择和评价。文化又可根据一定的标准划分为若干亚文化群，主要有民族亚文化群、宗教亚文化群、种族亚文化群和地理亚文化群。处于不同文化群的消费者，会有不同的消费行为。

（二）社会阶层

社会阶层是社会中根据职业、收入来源、教育水平、价值观和居住区域对人们进行的一种社会分类，是按等级排列的具有相对同质性和持久性的群体。每一阶层的成员都具有类似的价值观、兴趣和行为，例如社会阶层按职业划分可分为公务员阶层、教师阶层、农民阶层、工人阶层等；按收入划分可分为富有阶层、富裕阶层、小康阶层、温饱阶层、贫困阶层等。

二、社会因素

消费者的购买行为也受到诸如相关群体、家庭、社会角色与地位等一系列社会因素的影响。

（一）相关群体

相关群体是指那些直接或间接影响人的看法和行为的群体。例如，一个人的家庭成员、同事、朋友等的言行观点，对一个人的行为会产生直接影响，这是主要的相关群体。还有一些组织，如工会、协会等，尽管往来不很密切，但通过活动也会对某个人产生一些影响，这是次要群体。此外还有一些群体，虽然与某个人没有直接的社会往来，但由于他们特殊的地位、职业等，使得他们的消费行为会影响到其他人，这是其他群体。例如，某年法国总统出访其他国家，在他的手提包里放着中国生产的"101 生发精"。这一细节被国外某一经销商发现，马上利用这一信息为"101 生发精"做宣传。由于总统地位的影响，许多人尝试购买使用了这种产品。总之，一个人的消费动机、消费行为会在不同程度上受到相关群体的影响。

议一议

怎样看待"明星代言"现象？

（二）家庭

家庭对一个人的消费影响是至关重要的。作为一个家庭成员，每个人都希望通过自己的消费给家庭增添更多的舒适和快乐。因此，每个家庭成员在消费时，自然会顾及其家庭成员的兴趣、偏好。另外，在一个家庭中，不同商品的消费决策往往是由不同的家庭成员做出的。因此，企业的营销人员要了解本企业每一种特定商品的购买决策者究竟是家庭中的哪个成员，以便运用恰当的广告语言和其他方式，使营销工作顺利进行。

（三）角色地位

角色地位是周围的人对一个人的要求或一个人在各种不同场合应起的作用，反映了社会对他的总体评价。一个人在一生中要参加许多群体并担任很多角色。比如，一个人在家庭里会担任父亲、丈夫的角色，在公司里可能会担任经理角色。

消费者做出购买选择时往往会考虑自己的角色地位。不同角色的消费者在购买产品或服务时，表现出来的购买行为是不同的。因为，不同角色的消费者在购买活动中，一方面要考虑社会的期望，另一方面也要满足自身的心理需求，人们往往会选择与自己的社会角色和地位相符的产品，如经济收入高的公司总经理会购买豪华的轿车，穿着比较考究的高档西服，出入豪华的酒店等。

三、个人因素

顾客的购买行为也受到各种个人因素的影响。这些因素主要有经济因素、生理因素、个性和生活方式等。

（一）经济因素

经济因素是指消费者收入水平、储蓄水平、资产和借贷能力，它是决定购买行为的首要因素，决定购买商品的种类和档次。如我国中低收入的家庭不会选择购买汽车，低收入的家庭只购买基本生活必需品。

（二）生理因素

生理因素是指年龄、性别、体征、健康状况和嗜好等生理特征的差别。生理因素决定着对产品款式、构造和细微功能有不同需求，例如，由于存在生理上的差别以及后天社会化过程的区别，男性和女性消费都带有典型的性别色彩。一般来说，女性消费者的购买行为容易受到外界因素的影响，注重价格和实际利益，具有浓厚的感情色彩；男性消费者购买的主动性较差，购买时缺乏耐心，很少精挑细选和询问商品细节，购买行为理性，感情色彩较弱。如烟、酒、茶等这类嗜好性商品的购买者大多数是男性，而女性则是化妆品、时装等选购性商品的经常惠顾者。

（三）个性

个性是指在一定的社会条件和教育影响下形成的一个人的比较固定的特性。个性特征有若干类型，如外向型与内向型、理智型与冲动型、乐观型与悲观型、独立型与依赖型等。实践表明，消费者的个性类型与其购买行为具有很大的相关性，如个性较强的人为了表现与众不同，喜欢奇异的服装和服饰；个性随和的人更愿意跟随大众潮流，购买产品时偏于因循守旧。企业要根据目标市场顾客的个性状况，分析所提供的商品的特点，做出不同的经营决策。

（四）生活方式

生活方式是通过一个人的日常饮食起居、生活规律、兴趣、观点等方面表现出来的一种生活模式。不同生活方式的消费者对需求会有很大不同，例如，由于一些消费者生活奢华，崇尚超前享受的生活方式，高档商品十分畅销，使许多年轻人负债累累，超前消费。企业营销人员要分析不同国家、不同地区、不同阶层消费者的生活方式，尽量使自己的产品和服务能够适应不同生活方式的消费者对产品和服务的需要。

四、心理因素

消费者的购买行为受到动机、认知、学习、信念和态度等主要心理因素的影响。

（一）动机

人的需要产生动机，有了动机才会产生各种行为。心理学家研究了许多有关人的需要与动机的理论，其中最著名的理论之一是美国心理学家马斯洛的"需要层次论"。他将人类的需要分为由低到高五个层次，即生理需要、安全需要、社交需要、尊重需要和自我实现需要。

根据这一理论，企业应了解目标市场消费者的不同需要层次，根据其需要安排营销策略，以刺激消费者产生购买动机，进而产生购买行为。

（二）认知

认知是消费者对产品或服务的感觉、知觉、记忆与思维活动的总和。感觉是人们通过感觉器官对产品的个别属性或整体的认知。知觉是感觉的延伸，顾客的自身兴趣爱好、个性、对品牌的偏好及自我形象是知觉的先决条件。产品形象、企业形象及其吸引力是知觉的基本条件。广告等销售策略则是促成消费者对产品和服务知觉的关键因素。记忆是指人们对知觉在大脑中的储存并在一定条件下重新显现出来的能力。思维是指人们对事物一般属性及其内在联系的间接的概括反应。

因此营销者应该随时洞察消费者的心理活动，利用产品品牌形象和促销策略，引发消费者对产品的关注，诱发其购买欲望，以促成购买行为的产生。

（三）学习

所谓学习，是指顾客在购买和使用产品过程中不断获得知识、经验和技能，不断完善其购买行为的过程。人类的行为大多来源于学习，一个人的学习是驱使力、刺激、诱因、反应和强化等相互作用的结果。消费者产生了需要动机驱动力后必须多方收集有关信息，比较评价，才能做出购买决策，这本身就是一个学习过程。同时购买后对产品消费和使用同样是一个学习的过程。这种学习会引起消费者的购买行为不断发生变化。营销者可以把产品与强烈的驱动力联系起来，利用刺激性的诱因并提供正面强化等手段，来建立消费者对产品的购买行为。

（四）信念和态度

消费者在长期的学习和实践活动中，形成了某种信念和态度，这种信念和态度会影响消费者的购买行为。信念是指一个人对某一事物的信任程度。信念构成了产品和品牌的形象，消费者会根据自己的信念影响购买行为。态度是指人们对观念所持的评价、情感上的感受和行动上的倾向。态度导致消费者喜欢或不喜欢产品或服务。消费者通过实践和学习获得了自己的信念和态度，信念和态度反过来又影响着消费者的购买行为。因此营销者应通过营销活动来树立消费者对产品和品牌的信念，使产品尽可能迎合消费者既有的态度，甚至改变其态度。

综上所述，消费者的购买行为是文化、社会、个人和心理因素之间相互影响和作用的结果，其中很多因素是市场营销者无法改变的。但这些因素在识别那些对产品有兴趣的购买者方面颇有用处。其他因素则受到市场营销者的影响，市场营销者借助有效产品、价格、地点和促销管理，可以诱发消费者的强烈反应。

实践活动

【活动内容】

学生以小组为单位，5—6人为一组，以身边的同学、朋友和家人为对象，分别通过访谈的形式对他们在购买日用品和手机时受到的影响因素进行了解。

【活动要求】

记录总结归纳相关信息（注意：访谈人数至少三人）。

案例分析

限量销售的奥秘

据报载，在日本汽车公司推出极具古典浪漫色彩的"费加洛"车时，宣布全部汽车只生产 20000 辆，并保证此后绝不再生产。消息传出，在广大消费者中造成轰动效应，订单雪片一般飞来。但该公司却慢条斯理地采取接受预约的方式，并分批进行抽签，中签的"幸运儿"欣喜万分，而未能如愿者（估计至少 31 万人）则怨声载道。

无独有偶，日本奥林帕斯公司推出一种价值 50000 日元的"欧普达"相机。公司只生产 20000 台，其中 12000 万台在日本国内销售。结果，半个月内就有 20000 多人申请预购，只好抽签配售，现在这种相机的价格已超过 80000 日元。

国外有家制造 CD 唱片的佛伦斯公司，为了推广爵士钢琴巨星迪克海曼的作品，决定采用限量发售策略，全球只发行 25000 万张，并宣称以后绝不再发行。为了取信消费者，该公司特地在每张 CD 唱片上烙印了号码以强化限量的真实性，此举大获成功。

限量销售国内也不乏此例，1993 年是毛泽东诞辰 100 周年，广州手表厂特意精制 1000 只"羊城"牌毛泽东头像纪念手表。厂里只留 1 只，其余 999 只均销往香港。由于手表铸工精细，头像逼真，金光灿灿，且每只表均附有厂长的亲笔签名和说明书，并分别标有 001 至 999 的编号，以作查验，因此，手表在香港上市后深受欢迎，售价从起初的每只数百港元一直升至 4000—5000 港元，十分抢手。

【思考】

（1）限量销售成功的奥秘是什么？

（2）此举给你带来了什么样的启示？

（资料来源：百度文库）

第三节　消费者购买决策过程

知识准备

消费者购买决策过程是消费者购买动机转化为购买活动或购买行为的具体过程。每个消费者在购买商品时，都会有一个购买决策的过程。由于每一个消费者购买产品的类型及购买者的类型不同，使得消费者的购买决策过程也不尽相同。

一般情况下，消费者购买决策过程分为五个阶段：确认需要、信息收集、选择评价、购买决策和购后过程。

实际上，消费者并不是在购买每件商品时都要经过这五个阶段。某些商品的购买过程非常简单，消费者就会省去其中的某些阶段，有时也会颠倒它们的顺序。这个模式所展示的是消费者面临复杂的购买活动时所进行的全面的购买活动。

想一想

购买牙膏、服装和电脑时，购买决策过程有区别吗？有何区别？

一、确认需要

确认需要是消费者购买决策过程的起点。当消费者认识到有某种需要时，购买过程就开始了。这种需要由内部刺激和外部刺激引起，有可能是人体内部的生理需要，如饥饿、干渴等，也有可能是其他层次的需要。同样，外部刺激也能够引起需要，如看到别人吃东西而引起食欲，或从杂志、电视上看到时装广告而产生购物的欲望等。因此，营销者应抓住时机，采取措施，引起和强化消费者的需要。

二、信息收集

确认了需要的消费者会去寻找更多的信息了解市场行情，为购买做准备。在这一阶段，营销人员的工作重点是了解消费者需要的各种主要信息来源，以及每种信息对今后购买决策的相对影响。消费者信息的来源主要有四个方面，如表 2－1 所示。

表 2－1 消费者信息来源

消费者信息来源	内容
个人来源	家庭成员、朋友、邻居或同事等提供的信息
商业来源	从推销员、零售商、广告、展销会、商品包装或说明书等获得的信息
公共来源	大众传媒、消费者评价组织等提供的信息
经验来源	消费者从亲自接触、使用商品过程中获得的信息

议一议

如何理解"满意的顾客会成为最好的推销员"这句话？

三、选择评价

消费者对得到的信息进行分析、整理、比较，从质量、效用、款式、价格、品牌、售后服务等方面对各种商品进行评价，以确定购买意向。

四、购买决策

消费者可能根据选择评价阶段所确定的购买意向做出购买决策，完成交易过程。但也有可能受到他人的态度或意外情况的影响，改变购买意向。比如，购买商品时销售人员的怠慢、试用产品情况不理想等，都会使消费者放弃购买。

五、购后过程

研究消费者购后过程的目的是提高其满意度。消费者的购后过程包括两个方面，即购后评价和购后行为。

消费者购买商品后，通过自己使用和他人的评价，会对商品感到满意或不满意。如果满意，可能会继续采购该产品，并向他人宣传该产品的优点；如果不满意，肯定不会再购买该产品，还有可能退货，劝阻他人购买。因此，商品被购买之后，营销者的工作并没有结束，应采取有效的措施加强售后服务，保持与顾客的联系，尽量降低购买者购买后不满意的程度，提高消费者的满意度。

实践活动

【活动内容】

请你了解一下你熟悉的几个人，看看他们在购买不同商品时的购买决策过程是怎么样的？首先确定调查的人物，如你自己、你的朋友、你的父母或你的同学、同事等；然后确定购买的商品。商品的选择应尽量多元化，既要有高档耐用品，如汽车、中央空调等，又要有低值易耗品，如日用品、食品等。

【活动要求】

记录总结归纳相关信息。

案例分析

阿雯选车

阿雯是上海购车潮中的一位普通的上班族，35 岁，月收入上万元。以下内容真实地记录了在 2004 年 4 月至 7 月间，她在购车决策过程中是如何受各种信息影响的。

阿雯周边的朋友与同事纷纷加入了购车者的队伍，看他们在私家车里享受音乐而不必用力抗拒公车的拥挤与嘈杂，阿雯不觉开始动心。另外，她工作地点离家较远，加上交通拥挤，来回花在路上的时间要近三个小时，她的购车动机越来越强烈。只是这时候的阿雯对车一无所知，除了坐车的体验，除了直觉上喜欢漂亮的白色、流畅的车型和几盏大而亮的灯，其他一概不知。

初识爱车

阿雯是在上司的鼓动下上驾校学车的。在驾校学车时，未来将购买什么样的车不知不觉成为几位学车者的共同话题。

"我拿到驾照，就去买一部 1.4 排量的波罗。"一位 MBA 同学对波罗情有独钟。虽然阿雯也蛮喜欢这一款小车的外形，但她怎么也接受不了自己会同样购买一款波罗，因为阿雯有过坐波罗 1.4 的体验。那一次是 4 个女生（在读 MBA 同学）上完课，一起坐了一辆小波罗出去吃午饭，回校时车从徐家汇汇金广场的地下车库开出，上坡时不得不关闭空调才爬上了高高的坡。想起爬个坡便要关上空调，实实在在地阻碍了阿雯对波罗的热情，尽管有不少人认为波罗是女性的首选车型。

问问驾校的师傅吧，师傅总归是驾车方面的专家。"宝来，是不错的车。"问周边人的用车体会，包括朋友的朋友，都反馈过来这样的信息：在差不多的价位上，开一段时间，还是德国车不错，宝来好。阿雯的上司恰恰是宝来车主，阿雯尚无体验驾驶宝来的乐趣，但后排的拥挤却早已先入为主了。想到自己的先生人高马大，宝来的后座不觉成了胸口的痛。如果没有别的合适的车，宝来不妨先做个候选。

不久，一位与阿雯差不多年龄的女邻居，在小区门口新开的一家海南马自达专卖店里买了一辆福美来，便自然地向阿雯做了"详细介绍"。阿雯很快去了家门口的专卖店，她被展厅里的车所吸引，销售员热情有加，特别是有这么一句话深深地打动了她："福美来各个方面都很周全，反正在这个价位里别的车有的配置福美来都会有，只会更多。"此时的阿雯还不会在意动力、排量、油箱容量等抽象的数据，直觉上清清爽爽的配置配合销售人员耐心的介绍，令阿雯在这一刻已锁定海南马自达了。她乐颠颠地拿着一堆资料回家，福美来成了心中的首选。银色而端正的车体在阿雯的心中不停地晃啊晃。

亲密接触

阿雯回家征求先生的意见。先生说，为什么放着那么多上海大众和通用公司的品牌不买，偏偏要买"海南货"？它在上海的维修和服务网点是否完善？两个问题马上动摇了阿雯当初的方案。

阿雯不死心，便想问问周边驾车的同事对福美来的看法。"福美来还可以，但是日本车的车壳太薄。"宝来车主凭着自身多年的驾车经验，一番话还是对阿雯有说服力的。阿雯有了无所适从的感觉。

好在一介书生的直觉让阿雯关心起了精致的汽车杂志，随着阅读的试车报告越来越多，阿雯开始明确自己的目标了，8万至15万的价位，众多品牌的车都开始进入阿雯的视野。此时的阿雯已开始对各个生产厂家，以及每个生产厂家生产哪几种品牌，同一品牌不同的发动机的排量与车的配置和基本价格如数家珍。上海通用的别克凯越与别克赛欧、上海大众的超越者、一汽大众的宝来、北京现代的伊兰特、广州本田的飞度 1.5、神龙汽车的爱丽舍、东风日产的尼桑阳光、海南马自达的福美来、天津丰田的威驰等各款车携着各自的风情，在马路上或飞驰或被拥堵的景象，纷纷向阿雯拥来。阿雯常用的文件夹开始附上了各款车的排量、最大功率、最大扭矩、极速、市场参考价等一行行数据，甚至 4S 店的配件价格也都被她一一纳入。

经过反复比较，阿雯开始锁定别克凯越和本田飞度。特别是别克凯越，简直是一款无懈可击的靓车啊！同事 A 此阶段也正准备买车，别克凯越也是首选。阿雯开始频频地进入别克凯越的车友论坛，并与在上海通用汽车集团工作的同学 B 联系。从同学的口里，阿雯增强了对别克凯越的信心。但不幸的是，随着对别克凯越论坛的熟悉，阿雯很快发现，费油是别克凯越的最大缺陷。想着几乎是飞度两倍的油耗，在将来拥有车的时时刻刻要为这油耗花钱，阿雯的心思便又活了。还有飞度呢，精巧，独特，省油，新推出 15VTEC 发动机的强劲动力，活灵活现的试车报告，令人忍不住想说就是她了。何况在论坛里发现飞度除了因是日本车系而受到抨击外没有明显的缺陷。正巧这一阶段广州本田推出了广本飞度的广告，阿雯精心地收集着有关广本飞度的每一个文字，甚至于还致电广本飞度的上海 4S 店，追问其配件价格。维修人员极耐心的回答令飞度的印象分又一次得到了增加。

到此时，阿雯对电视里各种煽情的汽车广告却没有多少印象。由于工作、读书和家务的关系，她实在没有多少时间坐在电视机前。而地铁里的各式广告，按道理是天天看得到的，但受上下班拥挤的人群的影响，阿雯实在是没有心情去欣赏。只是纸上得来终觉浅，周边各款车的直接用车体验对阿雯有着一言九鼎的说服力。阿雯开始致电各款车的车主了。

朋友 C 已购了别克凯越，问及行车感受，说很好，凯越是款好车，值得购买。

同学 D 已购了别克赛欧，是阿雯曾经心仪的 SRV，给人一种质朴而舒适的感觉，阿雯常常觉得宛如一件居家舒适的棉质恤衫，同学说空调很好的呀，但空调开后感觉动力不足。

朋友 E 已购了飞度（1.3），她说飞度轻巧，省油，但好像车身太薄，不小心用钥匙一划便是一道印痕，有一次去装点东西感觉像"小人搬大东西"。周边桑塔纳的车主，波罗的车主等，都成为阿雯的"采访"对象。

花落谁家

阿雯的梦中有一辆车，漂亮的白色，流畅的车型，大而亮的灯，安静地立在阿雯的面前，等着阿雯坐进去。但究竟花落谁家呢？阿雯自己的心里知道，她已有了一个缩小了的备选品牌范围。但究竟要买哪一辆车呢？这个"谜底"将不再遥远……

【思考】

（1）结合消费者购买决策过程的五个阶段，分析阿雯选车所经历的相关阶段。

（2）从营销者的角度来讲，如何有效针对消费者的购买心理进行营销策略的制定？

（资料来源：百度文库）

第三篇 战略篇

企业面对着成千上万、形形色色的消费者，对于这样一个复杂多变的大市场，任何一个企业，不管它的规模多大、资金实力多雄厚，都不可能满足整个市场上全部顾客的所有需求。在这种情况下，企业需要实施目标市场战略。目标市场战略又称STP战略，包括市场细分、目标市场和市场定位三个部分。STP战略是企业制定市场营销组合策略的前提和基础。本篇学习主要完成四个任务：市场细分、选择目标市场、市场定位和市场营销组合。

本篇学习目标

当你学完本篇后，应该能够做到以下几点：

● 了解市场细分、目标市场和市场定位三者之间的关系，理解并掌握市场细分、目标市场和市场定位的概念。

● 了解市场细分的作用，熟悉并掌握市场细分的目标、方法和原则，能够运用所学知识对市场进行有效细分。

● 掌握目标市场选择及目标市场战略选择，能运用适当的目标市场策略进入目标市场。

● 掌握市场定位的步骤和方式，能够通过上网查询和实地调查等方式了解知名企业的市场细分和市场定位，并进行分析评价。

● 了解市场营销组合策略的内容及营销组合策略理论的发展变化史。

第一章 市场细分

在多数情况下，市场细分是目标营销的基础与前提，市场细分有利于企业发现新的市场机会，掌握目标市场的特点，确定有效的营销组合策略，从而增强企业竞争力，提高企业效益。

知识准备

一、市场细分的概念

市场细分就是指企业按照某种标准将市场上的顾客划分成若干个顾客群，每一个顾客群构成一个子市场，不同子市场之间的需求存在着明显差别。因此，分属不同细分市场的消费者对同一产品的需要与欲望存在着明显差别，而属同一细分市场的消费者，他们的需要与欲望则极为相似。市场细分是选择目标市场的基础。市场营销在企业的活动包括细分一个市场并把它作为公司的目标市场，设计正确的产品、服务、价格、促销和分销系统"组合"，以满足细分市场内顾客的需要和欲望。

【资料链接】

随着国内牛奶市场竞争的日益激烈，许多牛奶制造商针对牛奶市场进行了有效的市场细分，从而更好地满足了消费者对牛奶的不同需求。伊利乳业针对牛奶市场进行市场细分后，针对一般大众对牛奶营养价值的需求推出了纯牛奶；针对学生及上班族推出了高品质、符合中国饮食习惯的谷粒多黑谷系列牛奶；针对老年人、补钙族推出了无乳糖的"舒化"高钙牛奶；针对儿童推出了欧洲进口菌种发酵、富含维生素 D 和膳食纤维的 QQ 星系列牛奶；针对初、高中女生推出了能够促进肠道蠕动的畅意乳酸菌饮品；针对高端用户推出了纯天然的金典有机系列牛奶，等等。

二、市场细分的作用

（一）有利于企业发现、选择合适的目标市场

企业通过市场细分，一方面可以了解不同消费群体的需求情况，发现尚未满足或没有完全满足的顾客需求，避重就轻，选择最适合企业发展的目标细分市场；另一方面，可以掌握细分市场中其他竞争者实力及市场占有率，选择最适合企业发展的目标市场。

（二）有利于企业调整市场营销战略

企业在未细分的整体市场上一般只会采取一种市场营销组合，但由于整体市场上的需求差异较大，所以企业的营销活动不能取得满意的效果。整体市场需求变化较快，企业难以及时掌握，致使其营销活动往往缺少时效性。而在细分市场中，顾客需求基本相似，企业能较容易地观察和估计顾客的反应，密切注意市场需求的变化，进而准确迅速地调整营销策略，取得主动权。

（三）有利于企业更有效地使用企业资源，提高经济效益

企业通过市场细分，可以有的放矢地采取适当的市场营销计划，有针对性地满足细分市场中的消费者，从而集中使用资源，避免分散力量，取得最大的经济利益。

【资料链接】

英国一家小制漆厂，在投产之前对当地室内装饰用漆市场进行了调查研究，然后对市场进行了细分：（1）油漆市场的60%是一个大的普及市场，这个市场对各种油漆产品都有潜在需求。但是这家制漆厂无力参与这个市场的竞争。（2）没有劳动力的家庭主妇市场。这个市场的消费者群的特点是不懂得室内装饰需要什么油漆，但是要求油漆质量好，并且要求油漆商提供设计，油漆效果美观。（3）油漆工助手市场。这个市场的顾客替住户进行室内装饰，需要购买质量较好的油漆。（4）

老油漆技工市场。这些顾客的特点是向来不买已经调好的油漆，而是购买颜料和油料，自己调配油漆。（5）对价格敏感的青年夫妇市场。这一市场消费者群的特点是收入较低，租赁公寓住户在一定时间内必须油刷住房，以保护房屋。因此，这些住户购买油漆，不求质量好，但要求价格便宜。该厂通过研究，根据自己的人力、物力资源条件，决定选择公寓青年夫妇这一细分市场作为目标市场，制定了一套营销组合战略：在产品方面，生产经营少数不同颜色和大小不同包装的油漆；在分销方面，将油漆分销到目标消费者住宅附近的每一个零售店；保持单一的低廉价格，没有任何特价；宣传内容则以"低价""满意的质量"为口号，等等。

这家油漆厂由于选择了适当的细分市场作为目标市场，制定了相应的营销组合战略，尽管出售的是低档产品，但是适应目标市场的需求，因此取得了很大的成功。

三、市场细分的标准

要进行市场细分，首先要确立标准。所谓市场细分的标准，是指构成购买者需求差异的各种因素或影响需求的各种因素。这些因素的变动会引起市场细分的变动，因此，这些因素也就成了市场细分的变数。

（一）消费者市场细分的标准

1. 按地理因素细分

按地理因素细分就是按消费者所在的地理位置、地理环境等变数来细分市场。因为处在不同地理环境下的消费者，对于同一类产品往往会有不同的需要与偏好，例如对自行车的选购，城市居民喜欢式样新颖的轻便车，而农村的居民注重坚固耐用的加重车等。因此，对消费品市场进行地理细分是非常必要的。

（1）地理位置

可以按照行政区划来进行细分，如在我国，可以划分为东北、华北、西北、西南、华东和华南几个地区；也可以按照地理区域来进行细分，如划分为省、自治区，市、县等，或内地、沿海、城市、农村等。在不同地区，消费者的需求显然存在较大差异。

（2）城镇大小

可划分为大城市、中等城市、小城市和乡镇。处在不同规模城镇的消费者，在消费结构方面存在较大差异。

（3）地形和气候

按地形可划分为平原、丘陵、山区、沙漠地带等；按气候可分为热带、亚热带、温带、寒带等。防暑降温、御寒保暖之类的消费品就可按不同气候带来划分。如在我国北方，冬天气候寒冷干燥，加湿器很有市场；但在江南，由于空气中湿度大，基本上不存在对加湿器的需求。

2. 按人口统计因素细分

按人口统计因素细分，就是按年龄、性别、职业、收入、家庭人口、家庭生命周期、民族、宗教、国籍等变数，将市场划分为不同的群体。由于人口变数比其他变数更容易测量，且适用范围比较广，因而人口变数一直是细分消费者市场的重要依据。

（1）年龄

不同年龄段的消费者，由于生理、性格、爱好、经济状况的不同，对消费品的需求往往存在很大的差异。因此，可按年龄将市场划分为许多各具特色的消费者群，如儿童市场、青年市场、中年市场、老年市场等。从事服装、食品、保健品、药品、健身器材、书刊等商品生产经营业务的企业，经常采用年龄变数来细分市场。

（2）性别

按性别可将市场划分为男性市场和女性市场。不少商品在用途上有明显的性别特征。如男装和女装、男表与女表。在购买行为、购买动机等方面，男女之间也有很大的差异，如妇女是服装、化妆品、节省劳动力的家庭用具、小包装食品等市场的主要购买者；男士则是香烟、饮料、体育用品等市场的主要购买者。美容美发、化妆品、珠宝首饰、服装等许多行业，长期以来按性别来细分市场。

（3）收入

收入的变化将直接影响消费者的需求欲望和支出模式。根据平均收入水平的高低，可将消费者划分为高收入、次高收入、中等收入、次低收入、低收入五个群体。收入高的消费者就比收入低的消费者购买更高价的产品，如钢琴、汽车、空调、豪华家具、珠宝首饰等；收入高的消费者一般喜欢到大百货公司或品牌专卖店购物；收入低的消费者则通常在住宅区附近的商店、仓储式超市购物。因此，汽车、旅游、房地产等行业一般按收入变数细分市场。

（4）民族

世界上大部分国家都拥有多种民族，我国更是一个多民族的大家庭，除汉族外，还有 55 个少数民族。这些民族都各有自己的传统习俗、生活方式，从而呈现出各种不同的商品需求。如我国西北少数民族饮茶的人很多、回族不吃猪肉等。只有按民族这一细分变数将市场进一步细分，才能满足各族人民的不同需求，并进一步扩大企业的产品市场。

（5）职业

不同职业的消费者，由于知识水平、工作条件和生活方式等不同，其消费需求存在很大的差异，如教师比较注重书籍、报刊等方面的需求，文艺工作者则比较注重美容、服装等方面的需求。

（6）教育状况

受教育程度不同的消费者，在志趣、生活方式、文化素养、价值观念等方面都会有所不同，因而会影响他们的购买种类、购买行为、购买习惯。

（7）家庭人口

据此可分为单亲家庭（1 人）、双亲家庭（2 人）、小家庭（2—3人）、大家庭（4—6 人，或 6 人以上）。家庭人口数量不同，在住宅大小、家具、家用电器乃至日常消费品的包装大小等方面都会出现需求差异。

3. 按心理因素细分

按心理因素细分，就是将消费者按其生活方式、性格、购买动机、态度等变数细分成不同的群体。

（1）按不同生活方式细分

越来越多的企业，如服装、化妆品、家具、娱乐等行业，重视按人们的生活方式来细分市场。生活方式是人们对工作、消费、娱乐的特定习惯和模式，不同的生活方式会产生不同的需求偏好，如"传统型""新潮型""节俭型""奢侈型"等。这种细分方法能显示出不同群体对同种商品在心理需求方面的差异性，如美国有的服装公司就把妇女划分为"朴素型妇女""时髦型妇女""男子气质型妇女"三种类型，分别为她们设计不同款式、颜色和质料的服装。

（2）按性格因素细分

消费者的性格对产品的喜爱有很大的关系，性格可以用外向与内向、乐观与悲观、自信、顺从、保守、急进、热情、老成等词句来描述。性格外向、容易感情冲动的消费者往往好表现自己，因而他们喜欢购买能表现自己个性的产品；性格内向的消费者则喜欢大众化，往往购买比较朴素的产品；富于创造性和冒险心理的消费者，则对新奇、刺激性强的商品特别感兴趣。

（3）购买动机，即按消费者追求的利益来进行细分

消费者对所购产品追求的利益主要有求实、求廉、求新、求美、求名、求安等，这些都可作为细分的变量。例如，有人购买服装为了遮体保暖，有人是为了美的追求，有人则为了体现自身的经济实力等。因此，企业可对市场按利益变数进行细分，以确定目标市场。

（4）按行为因素细分

按行为因素细分，就是按照消费者购买或使用某种商品的时间、购买数量、购买频率、对品牌的忠诚度等变数来细分市场。

（二）生产资料市场的细分标准

上述消费品市场的细分标准有很多都适用于生产资料市场的细分，如地理环境、气候条件、交通运输、追求利益、对品牌的忠诚度等。但由于生产资料市场有它自身的特点，企业还应采用一些其他的标准和变数进行细分，最常用的有最终用户要求、用户规模、用户地理位置等变数。

1. 按用户的要求细分

产品用户的要求是生产资料市场细分量常用的标准。不同的用户对同一产品有不同的需求，如晶体管厂可根据晶体管的用户不同将市场细分为军工市场、工业市场和商业市场，军工市场特别注重产品质量；工业用户要求有高质量的产品和服务；商业市场主要用于转卖，除要求保证质量外，还要求价格合理和交货及时。飞机制造公司对所需轮胎要求的安全性比一般汽车生产厂商要高许多；同是钢材，有的用作生产机器，有的用于造船，有的用于建筑等。因此，企业应针对不同用户的需求，提供不同的产品，设计不同的市场营销组合策略，以满足用户的不同要求。

2. 按用户经营规模细分

用户经营规模也是细分生产资料市场的重要标准。用户经营规模决定其购买能力的大小。按用户经营规模划分，可分为大用户、中用户、小用户。大用户户数虽少，但其生产规模、购买数量大，注重质量、交货时间等；小客户数量多，分散面广，购买数量有限，注重信贷条件等。许多时候，和一个大客户的交易量相当于与许多小客户的交易量之和，失去一个大客户，往往会给企业造成严重的后果。因此，企业应按照用户经营规模建立相应联系机制和确定恰当的接待制度。

3. 按用户的地理位置细分

每个国家或地区大都在一定程度上受自然资源、气候条件和历史传统等因素影响，形成若干工业区，例如江浙两省的丝绸工业区，以山西为中心的煤炭工业区，东南沿海的加工工业区等。这就决定了生产资料市场往往比消费品市场在区域上更为集中，地理位置因此成为细分生产资料市场的重要标准。企业按用户的地理位置细分市场，选择客户较为集中的地区作为目标，有利于节省推销人员往返于不同客户之间的时间，而且可以合理规划运输路线，节约运输费用，也能更加充分地利用销售力量，降低推销成本。

四、市场细分的方法

企业在细分市场时可以采取灵活多样的方法。这些方法的实质是寻找、发现和规范市场细分的思维方法，使其在发现市场机会时全面、详尽，避免遗漏。市场细分的主要方法可归纳为如下几种。

（一）单一变量法

所谓单一变量法是指根据市场营销调研结果，把选择影响消费者或用户需求最主要的因素作为细分变量，从而达到市场细分的目的。这种细分法以公司的经营实践、行业经验和对组织客户的了解为基础，在宏观变量或微观变量间，找到一种能有效区分客户并使公司的营销组合产生有效对应的变量而进行的细分。例如，玩具市场需求量的主要影响因素是年龄，可以针对不同年龄段的儿童设计适合不同需要的玩具，这早就为玩具商所重视。除此之外，性别也常作为市场细分变量而被企业所使用，妇女用品商店、女人街等的出现反映出性别标准正为大家所重视。

（二）主导因素排列法

主导因素排列法即用一个因素对市场进行细分，如按性别细分化妆品市场，按年龄细分服装市场等。这种方法简便易行，但难以反映复杂多变的顾客需求。

（三）综合因素细分法

综合因素细分法即用影响消费需求的两种或两种以上的因素进行综合细分，例如用生活方式、收入水平、年龄三个因素可将妇女服装市场划分为不同的细分市场。

（四）系列因素细分法

当细分市场所涉及的因素是多项的，并且各因素是按一定的顺序逐步进行时，可由粗到细、由浅入深，逐步进行细分，这种方法称为系列因素细分法。

五、市场细分的原则

细分市场的方法很多，并不是所有的方法都有效，成功的市场细分应具备以下四个特征。

（一）可测量性

可测量性指不仅细分市场的轮廓明晰，可以描述，而且其规模、购买潜力可以衡量，这样企业可以分配适量的资源来开发这一市场。

（二）可营利性

可营利性指细分市场规模足够大，有足够的利润吸引企业加入。

（三）可进入性

企业不但具有足够资源为细分市场服务，而且能够利用恰当的沟通方式，将营销信息及时、快速、经济地传递给该细分市场，以及构建恰当的销售渠道，使消费者能够便捷地购买到产品。

（四）可区分性

细分市场之间的差异是可以识别的，并且各细分子市场对企业的营销方案具有不同的购买反应。

实践活动

调查分析——宝洁公司洗发水的市场细分

【活动内容】

分组开展活动，各小组选择一家零售商场或超市，收集宝洁公司洗发水的信息，分析宝洁公司是否进行了洗发水的市场细分，为什么要进行市场细分。

73

【活动要求】

（1）分小组开展活动，组长负责安排活动方案和组员分工。

（2）了解的宝洁公司洗发水的广告信息，并进入熟悉的商店进行实地调查。

（3）根据收集的信息，开展小组讨论：

①宝洁公司各品牌洗发水的主要特点和适用人群是什么？

②企业是否进行了市场细分？

③消费者对宝洁公司各品牌洗发水有哪些需求？

根据讨论结果填写表 3 - 1。

表 3 - 1　宝洁公司各品牌洗发水信息调查分析表

各品牌名称	各品牌特点或功能效果	消费者需求	是否细分

（4）各小组汇总讨论结果，选派代表进行班级交流分享。

【活动评价】

活动评价的具体内容包括宝洁公司洗发水信息收集调查、对有关宝洁公司洗发水进行市场细分并进行讨论分析交流等。

案例分析

苹果 iPad 的市场细分

来自市场调研机构 Gartner 的数据显示，iPad 是 2013 年最畅销的平板电脑，2012 年的销量为 6140 万台，2013 年达到了 7040 万台。

但当苹果 iPad 推向市场时，业界很多专家对该产品都表示怀疑，因为这个产品明显有很多缺陷，如没有 USB 接口、没有物理键盘、没有摄像头、在编辑长文档的时候比较痛苦、不能执行多项任务等。后来，媒体记者带着专家们的质疑采访乔布斯。他的回答揭示了问题的真相："iPad 是为信息消费者而不是为信息制造者开发的！"

很显然，苹果将电脑顾客划分为信息消费者和信息制造者两个细分市场，iPad 的目标客户就是信息消费者，他们的主要需求是上网、方便、炫酷、快速、玩游戏、分享照片等。事实证明 iPad 对目标客户的核心需求都满足得非常好，成为一个革命性的产品。曾经风靡一时的"上网本"走的也是类似的细分思路，可惜没有持续创新，且做得不到位。

【讨论】

（1）iPad 市场细分的依据是什么？

（2）信息消费者和信息制造者对于平板电脑的需求有何不同？

（资料来源：杨丽佳．市场营销基础［M］．北京：高等教育出版社，2015：8.）

第二章　选择目标市场

知识准备

一、目标市场的概念

目标市场是企业决定要进入的市场部分或子市场，即指企业的商品或服务所满足的特定消费者群。在市场细分的基础上，企业根据自身优势，从细分市场中选择一个或若干个子市场作为自己的目标市场，并针对目标市场的特点展开营销活动，以期在满足顾客需求的同时，能够获取更大的利润。

【资料链接】

美国的"丽"（Lee）牌牛仔裤始终把目标市场对准占人口比例较大的那部分"婴儿高峰期"的消费者群体，从而成功地扩大了该品牌的市场占有率。在20世纪60和70年代，丽牌牛仔裤以15—24岁的年轻人为目标市场。因为这个年龄段的人正是在"婴儿高峰期"出生的，在整个人口中占有相当大的比例。可是，到20世纪80年代初，昔日"婴儿高峰期"的小青年一代已经步入中青年阶段。新一代小青年在人口数量上已大大少于昔日小青年。为了提高市场占有率，在20世纪80年代末，丽牌牛仔裤又将其目标对准了25—44岁年龄段的消费者群体，即仍是"婴儿高峰期"一代。为适应这一目标市场的变化，厂商只是将原有产品略加改进，使其正好适合中青年消费者的体形。结果，20世纪90年代初，该品牌牛仔裤在中青年市场上的份额上升了20%，销售量增长了17%。

二、评估细分市场

企业要对经过市场细分后的各个细分市场进行分析评价，主要有下面三方面依据。

（一）细分市场有一定的规模和发展潜力

企业进入某一市场是期望能够有利可图，如果市场规模狭小或者处于萎缩状态，企业进入后难以获得发展，此时，应审慎考虑，不宜轻易进入。当然，企业也不宜以市场吸引力作为唯一取舍，特别是应力求避免"多数谬误"，即与竞争企业遵循同一思维逻辑，将规模最大、吸引力最大的市场作为目标市场。大家共同争夺同一个顾客群，会造成过度竞争和社会资源的无端浪费，同时使消费者的一些本应得到满足的需求遭受冷落和忽视。

（二）细分市场结构的吸引力

细分市场可能具备理想的规模和发展特征，然而从赢利的观点来看，它未必有吸引力。一般认为有五种力量决定整个市场或其中任何一个细分市场长期的内在吸引力。这五个群体是：同行业竞争者、潜在的新参加的竞争者、替代产品、购买者和供应商。

（三）细分市场应符合企业目标和能力

某些细分市场虽然有较大吸引力，但不能推动企业实现发展目标，甚至分散企业的精力，使之无法完成其主要目标，这样的市场应考虑放弃。另一方面，还应考虑企业的资源条件是否适合在某一细分市场经营。只有选择那些企业有条件进入、能充分发挥其资源优势的细分市场作为目标市场，企业才会立于不败之地。

三、选择目标市场

目标市场选择是指估计每个细分市场的吸引力程度，并选择进入一个或多个细分市场，也就是在市场细分的基础上，企业根据自身优势，从细分市场中选择一个或者若干个子市场作为自己的目标市场，并针对目标市场的特点展开营销活动，以期在满足顾客需求的同时，实现企业经营目标。一般来说，企业在选择目标市场时有五种市场覆盖模式。

（一）市场集中化

企业选择一个细分市场，集中力量为之服务。较小的企业一般专门填补市场的某一部分。集中营销使企业深刻了解该细分市场的需求特点，采用针对的产品、价格、渠道和促销策略，从而获得强有力的市场地位和良好的声誉，但同时隐含较大的经营风险。

（二）产品专业化

企业集中生产一种产品，并向所有顾客销售这种产品。例如服装厂商向青年、中年和老年消费者销售高档服装，企业为不同的顾客提供不同种类的高档服装产品和服务，而不生产消费者需要的其他档次的服装。这样，企业可在高档服装产品方面树立很高的声誉，但一旦出现其他品牌的替代品或消费者流行的偏好转移，企业将面临巨大的威胁。

（三）市场专业化

企业专门服务于某一特定顾客群，尽力满足他们的各种需求。例如企业专门为老年消费者提供各种档次的服装。企业专门为这个顾客群服务，能建立良好的声誉，但一旦这个顾客群的需求潜力和特点发生突然变化，企业要承担较大风险。

（四）选择专业化

企业选择几个细分市场，每一个对企业的目标和资源利用都有一定的吸引力。但各细分市场彼此之间很少或根本没有任何联系，这种策略能分散企业经营风险，即使其中某个细分市场失去了吸引力，企业还能在其他细分市场盈利。

（五）市场全面化

企业力图用各种产品满足各种顾客群体的需求，即以所有的细分市场作为目标市场，例如上例中的服装厂商为不同年龄层次的顾客提供各种档次的服装。一般只有实力强大的大企业才能采用这种策略，例如IBM 公司在计算机市场、可口可乐公司在饮料市场开发众多的产品，以满足各种消费需求。

四、选择目标市场营销策略

根据所选择的细分市场数目和范围，目标市场选择营销策略可以分为无差异目标市场营销策略、差异性目标市场营销策略和集中性目标市场营销策略三种方式。

（一）无差异市场营销策略

无差异目标市场策略是指不考虑各细分市场的差异性，将它们视为一个统一的整体市场，认为所有客户对基金投资有共同的需求。采用无差异目标市场策略无视各细分市场客户群体的特殊需求，在此情况下，营销人员可以设计单一营销组合直接面对整个市场，去迎合整个市场最大范围的客户的需求，凭借大规模的广告宣传和促销，吸引尽可能多的客户。无差异营销的理论基础是成本的经济性。生产单一产品，可以减少生产与储运成本；无差异的广告宣传和其他促销活动可以节省促销费用；不搞市场细分，可以减少企业在市场调研、产品开发、制定各种营销组合方案等方面的营销投入。这种策略对于需求广泛、市场同质性高且能大量生产、大量销售的产品比较合适。

（二）差异性市场营销策略

差异性市场营销策略是将整体市场划分为若干细分市场，针对每一细分市场制定一套独立的营销方案。比如，服装生产企业针对不同性别、不同收入水平的消费者推出不同品牌、不同价格的产品，并采用不同的广告主题来宣传这些产品，所采用的就是差异性营销策略。差异性营销策略的优点是小批量、多品种，生产机动灵活、针对性强，能使消费者需求更好地得到满足，由此促进产品销售。另外，企业是在多个细分市场上经营，一定程度上可以减少经营风险；一旦企业在几个细分市场上获得成功，有助于提高企业的形象及提高市场占有率。差异性营销策略的不足之处主要体现在两个方面。一是增加营销成本。由于产品品种多，管理和存货成本将增加。由于公司必须针对不同的细分市场发展独立的营销计划，会增加企业在市场调研、促销和渠道管理等方面的营销成本。二是可能使企业的资源配置不能有效集中，顾此失彼，甚至在企业内部出现彼此争夺资源的现象，使拳头产品难以形成优势。

（三）集中性市场营销策略

实行差异性营销策略和无差异营销策略，企业均是以整体市场作为营销目标，试图满足所有消费者在某一方面的需要。集中性营销策略则是集中力量进入一个或少数几个细分市场，实行专业化生产和销售。实行这一策略，企业不是追求在一个大市场角逐，而是力求在一个或几个子市场占有较大份额。集中性营销策略的指导思想是与其四处出击收效甚微，不如突破一点取得成功。这一策略特别适合于资源力量有限的中小企业。中小企业由于受财力、技术等方面因素制约，在整体市场可能无力与大企业抗衡，但如果集中资源优势在大企业尚未顾及或尚未建立绝对优势的某个或某几个细分市场进行竞争，成功可能性更大。集中性营销策略的局限性体现在两个方面：一是市场区域相对较小，企业发展受到限制；二是潜伏着较大的经营风险，一旦目标市场突然发生变化，如消费者趣味发生转移，或强大竞争对手进入，或新的更有吸引力的替代品的出现，都可能使企业因没有回旋余地而陷入困境。

上述三种目标市场策略各有利弊，企业到底应采取哪一种策略，应综合考虑以下几方面因素。

- 企业资源或实力
- 产品的同质性
- 市场的同质性
- 产品所处生命周期的不同阶段
- 竞争者的市场营销策略
- 竞争者的数目等

【资料链接】

宝洁公司的成功

宝洁公司通过细分市场占领了美国洗衣粉市场份额的55%以上，从而成为世界一流的大公司。洗涤用品（包括洗衣粉）市场是与人们生活密切相关的消费品市场，使用洗衣粉的主要用途当然是使衣服清洁。但是人们对洗衣粉还有以下这些要求：比较便宜；能够漂白；丝织物更加柔软；清新的气味；有泡沫、无泡沫或多泡沫的；等等。虽然每一个用户都有上述的要求，但每个人的偏好是不一样的，有的喜欢用多泡的；有的则喜欢无泡的；有的侧重于洗衣粉的清洁力；有的则注重它的清香味。这样，整个洗衣粉市场实际是由有差异的一些细分市场所组成的。宝洁公司正是根据顾客的需求差异，曾开发生产了九种品牌的洗衣粉。

案例分析

"尿布大王"尼西奇公司

日本尼西奇起初是一个生产雨衣、尿布、游泳帽、卫生带等多种橡胶制品的小厂，由于订货不足，面临破产。总经理多川博在一个偶然的机会，从一份人口普查表中发现，日本每年约出生250万个婴儿，如果每个婴儿用两条尿布，一年需要500万条。于是，他们决定放弃尿布以外的产品，实行尿布专业化生产。一炮打响后，尼西奇又不断研制新材料、开发新品种，不仅垄断了日本尿布市场，还远销世界70多个国家和地区，成了闻名世界的"尿布大王"。

【讨论】

（1）尼西奇公司采取了怎样的目标市场策略？为什么这样选择？

（2）你认为尼西奇公司还应做哪些营销改进？

（资料来源：百度文库）

第三章　市场定位

在企业选定的目标市场上，往往会有其他企业的同种产品出现。也就是说，竞争者已在目标市场上捷足先登，甚至已占据了有利地位。因此，企业为了出奇制胜，就必须了解竞争者的实力、经营特色和市场地位等，从而确定本企业的产品或市场营销组合进入目标市场的相应市场定位。

第一节　市场定位概念

知识准备

一、市场定位内涵

市场定位也称为产品定位或竞争性定位，是由美国营销学家艾尔·里斯和杰克·特劳特提出的。其含义是指企业根据竞争者现有的产品在细分市场上所处的位置和顾客对该类产品某些特征或属性的重视程度，塑造出本企业与众不同的、给人印象鲜明的形象，并将这种形象生动地传递给顾客，从而使该产品在细分市场上占据强有力的竞争位置。简而言之，就是在目标客户心目中树立产品独特的形象。

例如，苹果公司产品宣传其独有的 IOS 系统；云南白药牙膏宣传它具有减轻牙龈问题（牙龈出血、牙龈肿痛）、修复黏膜损伤的作用；奔驰汽车总是宣传自己良好的发动机性能。每种品牌都应突出一种属性，并使自己成为该属性方面的"NO.1"。因为在信息爆炸的社会，消费者最容易记住的是同类产品中的领先者。

想一想

消费者最容易记住的是领先产品的信息。也就是说，如果企业能在某一方面击败同类竞争者，并能令人信服地宣传这一优势，企业就会非常出名。那么，有哪些属性可供企业选择，值得企业宣传呢？

二、市场定位依据

企业经营的产品不同，面对的顾客不同，所处的竞争环境也不同，因而市场定位依据也各不相同。总的来说，市场定位的依据主要有以下几种。

（一）根据产品属性定位

产品本身的属性及由此而获得的利益能使消费者体会到它的定位，如宝马汽车的"豪华气派"，丰田汽车的"经济省油"，大众汽车的"低调可靠"。在有些情况下，新产品应强调一种属性，而这种属性往往是竞争对手没有顾及的，这种定位方法见效容易。

（二）根据产品价格和质量定位

对于那些对产品质量和价格比较关心的消费者来说，选择在质量和价格上的定位也是突出本企业形象的好方法。按照这种方法，企业可以采用"优质高价"定位和"优质低价"定位。例如，现在手机市场日趋饱和，但是苹果并不打算降价销售 iPhone X，也就说他们将首次放弃之前"老款机型保留一年"的模式，因为这样能保持那些高价用户的优越感，是"优质高价"的典型表现。

（三）根据产品用途定位

例如在宝洁公司出品的洗发水中，飘柔的利益承诺是"柔顺"；海飞丝的是"去头屑"；潘婷的利益是"健康亮泽"；沙宣的利益是"垂直保湿"；而伊卡璐则是"气味芬芳"等。

（四）根据使用者定位

企业常常试图把某些产品指引给适当的使用者或某个细分市场，以便根据那个细分市场的特点创建起恰当的形象。例如，宝马和奔驰的用户都是社会高层，但奔驰主要面对传统企业家阶层，代表连续性和社会等级；而宝马主要面对新兴的现代企业家、新职业精英和具有能量与活力的年轻人。

（五）根据产品档次定位

产品档次包括低档、中档和高档，企业可根据自己的实际情况任选其一。例如，酒店、宾馆按星级划分为1—5个等级，5星级的宾馆高档的品牌形象不仅涵盖了幽雅的环境、优质的服务、完备的设施，还包括进出其中的都是有一定社会地位的人士；定位于中低档次的宾馆，则针对其他的细分市场，如满足追求实惠和廉价的低收入者。

（六）类别定位

类别定位力图在消费者心目中造成该品牌等同于某类产品的印象。以成为某类产品的代名词或领导品牌。在消费者有了某类特定需求时就会联想到该品牌。如啤酒使人想到青岛，快餐使人想到麦当劳，可乐使人想起百事等。

想一想

除了上述定位依据外，还有哪些可以作为企业定位的依据？

三、市场定位步骤

市场定位的关键是企业要设法在自己的产品上找出比竞争者更具有竞争优势的特性。所以企业要根据顾客对产品属性的重视程度和竞争者的定位情况确定本企业的竞争优势。企业市场定位的全过程可以通过以下三大步骤来完成。

（一）确认本企业的竞争优势（找位）

识别潜在的竞争优势是市场定位的基础。通常企业的竞争优势表现在两方面：成本优势和产品差别化优势。成本优势是指企业能够以比竞争者低廉的价格销售相同质量的产品，或以相同的价格水平销售更高一级质量水平的产品。

产品差别化优势是指产品具有特色的功能和利益与顾客需求相适应的优势，即企业能向市场提供在质量、功能、品种、规格、外观等方面比竞争者更好的产品。

企业要想确定自己的竞争优势在哪里，就要回答以下三个问题。

（1）竞争对手产品定位如何？

（2）目标市场上顾客欲望满足程度如何，以及确实还需要什么？

（3）针对竞争者的市场定位和潜在顾客的真正需要的利益要求企业应该或能够做什么？

企业市场营销人员必须通过一切调研手段，系统地设计、搜索、分析并报告有关上述问题的资料和研究结果。

（二）选择核心竞争优势（选位）

核心竞争优势是指与主要竞争对手相比，企业在产品开发、服务质量、销售渠道、品牌知名度等方面所具有的明显优势。这种能力既可以是现有的，也可以是潜在的。选择竞争优势实际上就是一个企业与竞争者各方面实力相比较的过程。通常的方法是分析、比较企业与竞争者在经营管理、技术开发、采购、生产、市场营销、财务和产品七个方面究竟哪些是强项，哪些是弱项，借此选出最适合本企业的优势项目，明确自己的卖点。

（三）向目标市场传播企业选定的市场定位（到位）

这一步骤的主要任务是企业要通过一系列的宣传促销活动，将其独特的竞争优势准确传播给潜在顾客，并在顾客心目中留下深刻印象。

第二节 市场定位方式

知识准备

市场定位作为一种竞争战略，显示了一种产品或一家企业同类似产品或企业之间的关系。定位方式不同，竞争态势也不同。常用的市场定位有避强定位、迎头定位、重新定位三种方式。

一、避强定位

这是一种避开强有力的竞争对手的市场定位模式，企业不与竞争对手直接对抗，将自己置于某个市场"空隙"或"空白"，这一缝隙或者空白因有足够的消费者而作为一个潜在区域存在。

避强定位是一种"见缝插针""拾遗补缺"的定位方法，其优点是能够使企业远离其他竞争者，在该市场上迅速站稳脚跟，树立企业形象，从而在该市场上取得领导地位。由于这种定位方式市场风险较小，成功率较高，常常为多数企业所采用。

美国七喜汽水的定位策略就是一个避强定位策略的典型案例。因为可口可乐和百事可乐是市场的领导品牌，占有率极高，在消费者心中的地位不可动摇，所以它将产品定位于"非可乐型饮料"就避免了与两大巨头的正面竞争。成功的市场定位使七喜在龙争虎斗的饮料市场上占据了老三的位置。

想一想

什么情况下，企业可以采取避强定位策略？

二、迎头定位

这是一种与在市场上居支配地位的竞争对手"对着干"的定位方式，即企业根据自身的实力，为占据较佳的市场位置，不惜与市场上占支配地位、实力最强或较强的竞争对手发生正面竞争，从而使自己的产品进入与对手相同的市场位置。

由于竞争对手强大，这一竞争过程往往相当引人注目，企业及其产品能较快地为消费者了解，从而达到树立市场形象的目的。这种策略可能引发激烈的市场竞争，具有较大的风险；因此，企业必须知己知彼，了解市场容量，正确判定凭自己的资源和能力是不是能比竞争者做得更好，或者能不能平分秋色。比如，在世界饮料市场上，后起的百事可乐在进入市场时，采用的就是迎头定位的方式，"你是可乐，我也是可乐"，与可口可乐展开了面对面的较量。实行迎头定位，企业必须做到知己知彼，力争比竞争对手做得更好，否则迎头定位可能会成为一种非常危险的战术，将企业置于险境。

想一想

你能列举出还有哪些企业采取的是迎头定位策略吗？

三、重新定位

这种策略是指企业对销路少、市场反应差的产品进行二次定位。再定位之所以发生，主要有两个原因。

（一）有新竞争者加入

在某一细分市场上，有新的竞争者进入市场，致使本企业的原有市场占有率下降。

（二）社会文化的变迁，使得消费者偏好转移

原来喜欢本企业产品的消费者转而喜欢其他企业的产品，因而市场对本企业产品的需求减少。

在这些情况下，企业就需对其产品进行重新定位。之所以对品牌重新定位而不创立新的品牌，是因为品牌一经确立，就获得了自身的既得价值。一般来说，重新定位是企业摆脱经营困境，寻求新的活力的有效途径。这种困境可能是企业决策失误引起的，也可能是对手反击或出现新的强有力的竞争对手造成的。此外，企业如果发现新的产品市场范

围，也可以进行重新定位。

例如，加多宝最初进入市场时给产品的定位是"药茶"。当成药服用，无须也不用经常饮用，消费者有心理障碍且销量有限。后又重新定位为"饮料"，改变了它的类别属性，为加多宝从区域市场走向全国市场和挖掘潜在需求扫除了障碍，从而一举成为中国凉茶新类别整体崛起的领跑者。

企业在使用上述定位策略时，应考虑企业自身资源，竞争对手的可能反应、市场的需求特征等因素。市场定位是设计公司产品和形象的行为，以使公司明确在目标市场中自己的位置。公司在进行市场定位时，应慎之又慎，要通过反复比较和调查研究，找出最合理的突破口，避免出现定位混乱、定位过度、定位过宽或定位过窄的情况。而一旦确立了理想的定位，公司必须通过一致的表现与沟通来维持此定位，并应经常加以监测以随时适应目标顾客和竞争者策略的改变。

实践活动

【活动内容】

针对本模拟公司经营的产品，在选定的目标市场上按照市场定位的步骤，选择适当的市场定位策略，进行市场定位策划。

【活动要求】

(1) 小组合作。对企业目标市场和竞争对手情况进行分析，找出并选择本模拟公司的相对竞争优势。

(2) 头脑风暴。确定本企业产品的核心卖点。

(3) 小组讨论。通过哪些方式可以尽快让目标顾客接受自己的市场定位？根据讨论结果形成市场定位策划方案，以小组为单位进行交流分享。

案例分析

七喜"非可乐"

1959 年，汤普森委托华德·迪斯尼制片厂替七喜设计了几个卡通动物，像"母牛艾莉丝""鲔鱼查理"及"清新佛瑞迪公鸡"等。这些动物虽然活泼有趣，但对七喜的销路却没有帮助。进入 20 世纪 60 年代后，七喜放弃了"家庭温馨"的促销理念，改走其他促销路线。这种改变迅速取得了成效，赢得了大众的"眼球"。比如，它在 20 世纪 60 年代中期推出的"潮湿狂野"系列广告得过好几次大奖，颇受媒体和消费者青睐。

然而当市场调查人员在进行市场调查时，80% 的受访者都未提到七喜，而七喜却是全球销售量第三的清凉饮料。这说明七喜有多方面的形象问题，因为它被消费者认为是这样三种饮料：一是特殊饮料，二是药水，三是调酒用的饮料。

在上述三种情况中，七喜都被当作一类单独的产品，不被消费大众视作某种清凉饮料。更糟的是，七喜常被消费者视而不见，以至于七喜的代理广告公司不得不这样告诉经销商们："人们对它（七喜）太熟悉了——而且对它很有安全感，不会觉得它有什么不对劲，但也由于太熟悉太信任了，所以他们不会经常想到它。而当人们不常想它时，他们就不会常常购买它。"

七喜公司高层开始深入考虑解决七喜的营销问题。他们一致认为，要想解决当前困扰公司的难题，就必须确实地把七喜重新定位在清凉饮料行列当中，同时也要稳住七喜在调酒市场的占有率，不要被当时正蓬勃兴起的很多种调酒饮料抢去市场，而唯一的选择，只能是"非可乐"战略。

就在这个时候，七喜公司又突然遭到来自经销商的阻力。这些经销商大多数除了经销七喜，还经销可口可乐和百事可乐及它们的姊妹产品。当公司于 1968 年 2 月在芝加哥的经销商大会提出"非可乐"的行销概念时，很多"双面经销商"当即表示强烈抗议，提出了一系列反对的意见——他们担心这样做会影响到他们的可乐生意。

尽管遇到巨大阻力，七喜公司仍决定坚持推行新战略。让他们颇感欣慰的是，消费者的反应相当好。第一轮"非可乐"广告过去后，在人们的心目中留下了这样的印象："清新、干净、爽快，不会太甜腻，不会留下怪味道，可乐有的，它全有，而且还比可乐多一些。七喜……非可乐，独一无二的非可乐。"

广告的推出恰逢其时。20 世纪 60 年代的美国，不管是在政治上、观念上还是社会问题上，人们都在大做"WE（我们）"对抗"THEY（他们）"的文章。所谓的"WE"代表的是反战、时尚、新潮、进取、不拘一格的年轻一代；而"THEY"则指的是死板、保守、落伍的群体，是"披头士"歌曲嘲讽的对象。"非可乐"的促销活动正好代表了清凉饮料者的反权威态度。相反，七喜在"非可乐"的广告主题中，把可乐含蓄地定位为"THEY"，而把自己定位成了"WE"。这是商界首次采用这种反权威立场进行产品营销。

如此大胆的立场，使七喜的销路大增，在一年内就增加了 14%，到 1973 年增加了 50%。这是七喜公司创立以来知名度首次提高到足以出售附属产品的程度。七喜公司透露，它共卖出 60000 个"非可乐"台灯、2000 万个倒转过来的"非可乐"玻璃杯。购买这些附属产品的全是 20 岁上下的年轻人。

广告攻势的成功，促使七喜决心保护"非可乐"这个名称。可口可乐连续 4 年诉请法院禁止七喜使用这个名称，但都未成功。1974 年 6 月 20 日，原本只是行销策略口号的"非可乐"终于取得商标地位。两年后，七喜为庆祝美国独立 200 周年，在其货运卡车上漆上了"非可乐向非英国 200 年致敬"。

不久，全美掀起一股热潮，年轻的母亲们担心咖啡因对他们子女会有不良影响，因而采取行动反对含有咖啡因的饮料。几家可乐公司都推出了不含咖啡因的产品，而七喜公司则很自豪地在广告中强调，它的饮料从未含有过咖啡因，它的广告词又变成了"从来没有，永远也不会有"。

【思考】

（1）七喜原来的市场定位存在什么问题？

（2）七喜的重新定位为何能够成功？

（3）你认为中国饮料行业应如何应对七喜的市场挑战而进行市场定位？

（资料来源：百度文库）

第四章　市场营销组合

市场营销组合是市场营销理论体系中一个很重要的概念。市场营销组合这一概念是由美国哈佛大学教授尼尔·鲍顿于1964年最早提出的。他认为，一个企业运用系统工程的方法进行营销管理，管理者应当针对不同的内外环境，把各种市场营销手段，包括产品定价、分销渠道、人员推销、广告宣传和其他促销手段等，组成最佳的组合使他们互相配合起来，综合地发挥作用。基于这种认识，他提出了市场营销组合这个新概念。

第一节　市场营销组合含义

知识准备

一、市场营销组合的概念

市场营销组合，指企业针对选定的目标市场综合运用各种可能的市场营销策略和手段，组合成一个系统化的整体策略，以实现企业经营目标，并取得最佳经济效益。

二、市场营销组合策略的内容

由于影响市场营销的因素非常复杂，市场营销手段又多种多样，因此市场营销组合的内容也很庞杂。在20世纪50年代初，根据需求中心论的营销观念，美国营销学家尤金·麦卡锡教授把市场营销组合因素归纳为四个基本变量或策略系统，即产品（Product）、价格（Price）、销售渠道（Place）和促销（Promotion），每个词的英文开头均为P，所以简称4P。市场营销组合，就是4P的组合。

产品（Product）是指企业提供给目标市场的商品和劳务的集合体。它包括产品的效用、质量、外观、包装、规格和服务等。

价格（Price）是指企业出售商品或劳务的经济回报。它包括商品的价格、折扣、支付方式、支付期限和信用条件等。

销售渠道（Place）是指企业为将其产品进入和达到目标市场所进行的各种活动。包括商品流通的途径、场所、仓储和运输等。

促销（Promotion）就是指企业利用各种信息载体与目标市场进行沟通，将适当的产品，按适当的价格，在适当的地点通知目标市场。它包括营业推广、广告、人员推销、公共关系与宣传报道。

市场营销组合是系统观念在市场营销活动中的具体体现和运用，它涉及企业对市场营销手段和方法的基本认识。在竞争激烈的市场条件下，企业要满足顾客需要，完成经营目标，赢得市场竞争的胜利，不能仅依靠某种单一的营销手段和策略。企业必须在准确地分析、判断特定的市场营销环境、企业资源及目标市场需求特点的基础上，才能制定出最佳的营销组合。所以，最佳市场营销组合的作用，绝不是产品、价格、渠道、促销四个营销要素的简单数字相加，即 $4Ps \neq P+P+P+P$，而是使他们产生一种整体协同作用。就像中医开出的重要处方，四种草药各有不同的效力，治疗效果不同，所治疗的病症也相异，但是这四种中药配合在一起的疗效，其作用大于原来每一种药物作用之和。市场营销组合也是如此，只有他们的最佳组合，才能产生一种整体协同作用。正是从这个意义上讲，市场营销组合又是一种经营的艺术和技巧。

第二节　市场营销组合理论的发展

知识准备

一、菲利普·科特勒的 6P 组合

麦卡锡提出的 4P 营销组合策略，其主要考虑的是企业内部可以控制的因素。但是，在市场经济条件下，企业的发展往往有赖于外部环境，比如竞争者和宏观政策的变化等。因此，在 20 世纪 80 年代中期，美国市场营销学家菲利普·科特勒针对现代世界经济迈向区域化和全球化，企业之间的竞争早已形成了无国界竞争的态势，在 4P 理论的基础上，创立了"大市场营销"理论，即 6P 营销策略。

6P 分别代表产品（Product）、价格（Price）、渠道（Place）、促销（Promotion）、公共关系（Public Relationship）、政治权力（Political Power），与 4P 相比，6P 具有时代性。因为现在讲究的是国际化、全球化。菲利普·科特勒认为要运用政治力量和公共关系，打破国际或国内市场上的贸易壁垒，为企业的市场营销开辟道路。他把这种新的战略思想称为"大市场营销"（Megamarketing）。了解政治、经济政策的规定和变动，也是企业在营销中应予以重视的问题。积极与政府配合，了解国家政策，可以根据现状做出较快的决策。随着社会的发展，企业的公关显得愈加重要。良好的公共关系可以为企业营造良好的社会环境，得到社会更广泛的认同和赞誉。

二、罗伯特·劳特伯恩的"4C"理论

为了实现向客户提供低成本、高质量的个性化定制产品和服务的目标，企业必须迅速发现和准确捕捉细分市场中个性化客户需求信息，与客户直接进行交流。传统的以推销为中心的市场营销方式已经不再适应大规模定制生产模式的要求。

20世纪90年代，美国市场学家罗伯特·劳特伯恩提出了以"4C"为主要内容的作为企业营销策略的市场营销组合即4C理论，即针对产品策略，提出应更关注顾客的需求与欲望；针对价格策略，提出应重点考虑顾客为得到某项商品或服务所愿意付出的代价，并强调促销过程应用是一个与顾客保持双向沟通的过程。以下是"4C"组合四要素的内容。

（一）顾客（Customer）

顾客主要指顾客的需求。企业必须首先了解和研究顾客，根据顾客的需求来提供产品；同时企业提供的不仅仅是产品和服务，更重要的是由此产生的客户价值（Customer Value）。

（二）成本（Cost）

成本不单是企业的生产成本，或者说4Ps中的Price（价格），它还包括顾客的购买成本，同时也意味着产品定价的理想情况，应该是既低于顾客的心理价格，亦能够让企业有所盈利。此外，这中间的顾客购买成本不仅包括其货币支出，还包括其为此耗费的时间、体力和精力消耗，以及购买风险。

（三）便利（Convenience）

便利即所谓为顾客提供最大的购物和使用便利。4Cs营销理论强调企业在制订分销策略时，要更多地考虑顾客的方便，而不是企业自己的方便。要通过好的售前、售中和售后服务来让顾客在购物的同时也享受到了便利，便利是客户价值不可或缺的一部分。

（四）沟通（Communication）

沟通则被用以取代4Ps中对应的Promotion（促销）。4C营销理论认为，企业应通过同顾客进行积极有效的双向沟通，建立基于共同利益的新型企业—顾客关系。这不再是企业单向的促销和劝导顾客，而是在双方的沟通中找到能同时实现各自目标的通途。

三、唐·舒尔茨4R理论

4C营销理论以消费者需求为导向，与4P理论相比，有了很大进步与发展，但仍有不足。例如，4C理论以顾客需求为导向，但对于顾客的需求是否合理则无法加以分析；又如，4C理论没有充分体现"既赢得客户，又长期地拥有客户"的关系营销思想，没有解决满足顾客需求的操作性问题，如提供集成解决方案、做出快速反应等。针对4C理论的不足，近年来美国的唐·舒尔茨在4C营销理论的基础上提出了"4R营销理论"。

4R理论的营销四要素为关联（Relevancy）、反应（Reaction）、关系（Relationship）和报酬（Reward）。

第一，关联（Relevancy），即认为企业与顾客是一个命运共同体。建立并发展与顾客之间的长期关系，是企业经营的核心理念和最重要的内容。

第二，反应（Reaction），在相互影响的市场中，对经营者来说最难实现的问题不在于如何控制、制定和实施计划，而在于如何站在顾客的角度及时地倾听和从推测性商业模式转移成为高度回应需求的商业模式。

第三，关系（Relationship），在企业与客户的关系发生了本质性变化的市场环境中，抢占市场的关键已转变为与顾客建立长期而稳固的关系。与此相适应产生了五个转向：从一次性交易转向强调建立长期友好合作关系；从着眼于短期利益转向重视长期利益；从顾客被动适应企业单一销售转向顾客主动参与到生产过程中来；从相互的利益冲突转向共同的和谐发展；从管理营销组合转向管理企业与顾客的互动关系。

第四，报酬（Reward），任何交易与合作关系的巩固和发展，都是经济利益问题。因此，一定的合理回报既是正确处理营销活动中各种矛盾的出发点，也是营销的落脚点。

4R 理论实质是一种以竞争为导向的理论，不仅着眼于企业与顾客之间的互动双赢，而且强调在满足顾客需求的同时使企业盈利，通过关联、反应、关系等形式与顾客建立起稳定和互相依赖的关系，从而使企业获得竞争优势。

从 4P 组合理论到 6P 组合理论再到 4R 组合理论的演变，反映了企业经营目标从短期转向了长期。长期重复多次性的交易实现，要求在短期一次交易实现的条件基础上还必须增加一些条件，这就要求市场营销组合扩展新的内容、提供新的功能以满足这些新增的条件。因此，营销组合不是简单地从 4P 到 4R 的演变，而是演变为"4P + 4R"，即两者并存于企业的市场营销组合。

案例分析

"肠清茶"火有火的奥秘

2003 年，南北方多数市场上几乎同一时间内出现了御生堂肠清茶这个产品，它改脑白金之后保健品行业多年的低迷状况，短短时间内迅速崛起，成为当年该行业的一道营销分水岭。而〕御生堂企业集团，以前并不被业界所知，却靠肠清茶异军突起，一鸣惊人！凭的是什么？

一、抓住时机，迅速切入

2000 年，排毒养颜胶囊以"便秘"、"排毒"诉求精耕细作多年，占据着这类产品全国销量的半壁江山。2003 年，排毒养颜胶囊在营销方面后续乏力，市场急剧缩水。同时纵观全国润肠通便市场，一直没有一个专业通便的大品牌出现。而便秘市场之大，也并非常人可以想象，60% 的女性有便秘，80% 的老年人常年便秘。可见通便市场大有可为，肠清茶在此时切入市场。

二、霸权网络，霸气销量

比许多同类产品精明的是，御生堂肠清茶选择的都是当地市场最强势的经销商。最强的经销商是指不但资金实力要雄厚，营销网络还必须健全，且有较强的企划力，还包括一支经验丰富的零售店促销员队伍。对于一个新上市的产品来说，具备了同类产品所不具备的先天因素，肠清茶还没上市就拥有了一个"皇家"身份。而御生堂企业高层也曾透露，在肠清茶推广前，御生堂企业集团已与各区区域市场经销商经过多年的合作磨合，早已形成了较强的利益共同体。有了这些营销联盟的网络保证，其势头已非一般企业可比。

因此，我们认为网络健全是肠清茶成功的第一火力。肠清茶模式在网络方面给保健品营销的启示是，市场仅有发起者的霸气是不够的，只有"霸权"网络才能保证霸气销量。

三、整版模式，开疆辟士

业内专家曾总结道，中国医药保健品的媒介传播经历了 3 个时代：①早期的广播讲座时代，始创者为蒙派元老许彦华的 505 神功元气袋。②哈慈集团的哈慈五行针和 V26 减肥沙琪晶的电视媒体垃圾广告时段时代。③报媒整版时代，其始创者正是御生堂肠清茶。

肠清茶将报媒广告的运用发挥到极致，成为 2008 年、2004 年广告产品主流传播模式。肠清茶以整版广告快速切人入市场，一上市便霸气十足，不仅为竞争对手制造了市场壁垒，防止其跟进，同时也因整版的信息容量大，刺激消费者并与其形成良好的沟通，使广告作用发挥到最大化，避免广告资源的浪费。在很多区域，肠清茶一上市每月就投入近百万广告费用，销量也直线上升，有的终端甚至出现断货，个别市场需要空运货物。

肠清茶在煤体运作方面给我们的启示是，2004 年，是中国保健品营销的道分水岭，中国的保健品营销已经真正的进入了拼资金、拼版面、拼实力的时代。弱肉强食，适者生存，一些小资本企业、代理商已经无力通过巨额广告来炒作产品，强强联合，通吃、独占市场已是大势所趋。

四、买二赠一，一招致敌

肠清茶自上市之日起，自始至终执行"买二赠一"的促销承诺，这又和保健品营销惯用的促销策略大不相同。保健品的常规营销模式，都是广告发布至少半个月后才进行促销活动；或者是上市就免费试用，接着买赠促销，然后促销力度逐渐增大。但随着消费者逐渐理性和保健品竞争的白热化，这样的促销在很多时候并不能引起消费者注意，达不到促销设计者的目的。我们认为原因的关键在于促销设计不能和消费者形成良好的互动沟通，未能打动消费者。

肠清茶的买二赠一促销成功，策略能在全国范围内得到贯彻执行是关键，让消费者感觉到无论在国内的任何一个城市购买，都是同样的买赠力度一感觉实惠。不像有些采取降价策略（又称砍刀战术）的产品，全国范围内降价时间不同，今天在北京降到 50 元，在天津却还是 70元，让消费者有一种上当受骗的感觉，最后产品失去市场。直至现在，肠清茶依然坚持这样的促销活动。

五、诸侯并起，八方围攻

肠清茶成功的同时引起了众多产品的跟风，本是意料之中的事，但是肠清茶不佳的市场反应和竞争对手的恶性竞争，却值得我们去深思。

金汉方畅清茶、御×堂肠清茶、××润肠通便茶、肠清松等不下十余种产品，在各地市场上假肠清茶，或假称御生堂之名，或包装相似，或品名相同，有的甚至照搬肠清茶的文案，致肠清茶以重创。而御生堂肠清茶在遭到竞争对手阻击时明显反应迟钝，有的市场甚至根本就未作出任何有效反击，导致市场急剧缩水。同时，肠清茶也暴露了在终端管控方面的不足，造成很多销量被竞品无情拦截，肠清茶整版广告在狠砸市场，很多其他产品却在轻轻松松的靠终端拦截赚钱，这也说明了肠清茶的成功中有很多不足之处。

思考：

1. "御生堂"肠清茶的市场定位是什么？其市场营销组合有哪些？

2. 试分析"御生堂"肠清茶营销策略的成功与不足之处。

（资料来源：中国市场营销网）

第四篇　策略篇

通过之前的任务学习，我们已经能够进行市场细分、选择目标市场，并进行有效的市场定位，那么接下来就要把企业的营销组合因素——产品、价格、分销渠道、促销有机地结合起来，以形成一整套营销方案。从本篇开始，我们将分别对市场营销组合的因素进行具体的学习。

本篇学习目标

当你学完本篇后，应该能够做到以下几点：

● 解释产品系列及产品组合决策，能运用产品组合策略对产品组合进行优化。

● 掌握新产品开发程序，掌握品牌与包装的主要策略。

● 根据企业产品定价的方法与策略，会运用合适的方法和策略为特定的产品定价。

● 掌握分销渠道在营销中的作用和影响分销渠道选择的因素，能从企业的实际情况出发，为企业选择分销渠道的类型。

● 能够在营销的实际工作中灵活运用促销组合策略，恰当地运用广告、公共关系、人员推销及营业推广等促销方法促进企业产品的销售和宣传。

第一章 产品策略

　　企业在市场营销活动中，向市场提供某种产品或服务，满足顾客的需要，并以此为基础，综合运用其他营销策略与竞争对手展开激烈的竞争。因此，产品策略是企业市场营销组合中最重要的策略。本任务环节首先从产品的概念和产品分类入手，依次介绍产品组合策略、新产品开发策略、品牌与包装策略，最后探讨产品生命周期的有关内容。

第一节 产品组合策略

知识准备

一、产品概念

　　人们对产品的理解往往局限于具有某种特定物质形状和用途的物体，如衣服、食品和汽车等。而企业市场营销对产品的理解更为深入，不仅包括物质产品，同时也包括非物质形态的服务，是一个整体产品的概念。所谓整体产品是指能够提供给市场以满足需要和欲望的任何东西。包括实物（如计算机、西服）、服务（如美容、理发）、人员（如雷锋、姚明）、地点（如北京、香港）、组织（如青少年、基金会）和观念（如可持续发展）等。具体可使用三个层次来表述产品整体概念，如图 4-1 所示。

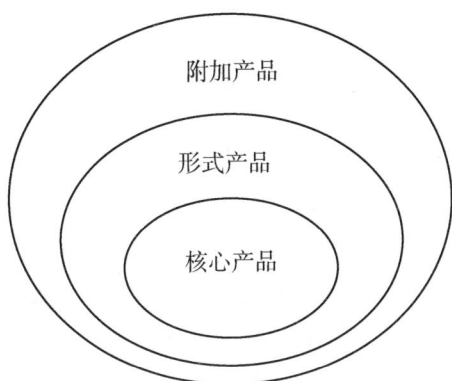

图 4-1 整体产品示意图

（一）核心产品

核心产品是整体产品最基本的层次，为顾客提供基本的效用或利益。顾客购买某种产品是为了获得能满足某种需要的效用，而不仅仅是占有或获得产品本身。例如，人们购买电视机是为了满足其"信息和娱乐"的需要，而购买牙膏就是要获得牙膏能"洁齿、防龋"的效用。

（二）形式产品

形式产品是核心利益借以实现的形式，是企业向顾客提供的产品实体和服务的外观。它有五个特征，即质量、特色、款式、品牌和包装，如购买电视机时顾客要考虑电视机的功能、造型、品牌和颜色等产品形式。市场营销人员的一项重要的工作就是着眼于顾客购买产品时所追求的核心利益，寻求利益得以实现的最佳形式，将核心利益转换为一般的产品。

（三）附加产品

附加产品是产品的第三个层次，也就是产品包含的附加服务和利益，从而把一个公司的产品和另一个公司的产品区分开来。如产品说明书、保证、免费安装、上门服务、送货、技术培训等。对于餐馆来说，可以通过特色菜、舒适的就餐环境和热情周到的服务等附加产品来招徕顾客。

【资料链接】

北京的时尚年轻人去哪里

如今的北京，时尚的年轻人聚在一起吃饭，如果仅仅是为了吃饱，他们往往会选择"Eating out"——去麦当劳吃汉堡；如果聚在一起只是其中一个很小的内容，更多的是喜欢吃饭时的那种氛围，他们就会选择"Dining out"——去罗杰斯可以吃饭、喝酒、听听节目、跳跳舞等，一边吃饭一边感受很多有品位、时尚、美好的东西。

二、产品分类

不同类型的产品有其各自的属性与特征，宜采取不同的营销策略。因此，对产品进行科学的分类是市场营销活动中一个重要的环节。产品的分类方法很多，常见的分类方法有以下两种。

（一）按照产品的耐用性和有形性，可以将其分为非耐用品、耐用品和服务

1. 非耐用品

非耐用品是指使用一次或少数几次的有形产品，如食盐和化妆品等，这些产品消费很快，购买较为频繁。企业应采取的市场营销策略是：（1）提高铺货率，让顾客在最方便的地点购买；（2）实行薄利多销；（3）采用多种促销方式，吸引顾客购买并促其形成偏好。

2. 耐用品

耐用品一般是指能多次使用的有形物品，例如彩电、空调、汽车等。企业应采取的市场营销策略包括：（1）销售服务和销售保证，如分期付款、送货上门和维修等；（2）高利润。

3. 服务

服务通常是指为出售而提供的活动、利益和满足感等，如修理、旅馆等。服务具有无形、不可分离、可变和易消失等特征，因而其市场营销策略也与前两种产品不同，主要包括：（1）加强质量管理，进行质

量控制；（2）建立销售商的信用；（3）为不同的顾客提供不同的服务，提高对消费者的适用性。

（二）根据产品的用途，产品可分为消费品和产业用品两大类

1. 消费品

消费品的种类很多，按照消费者的购买行为特征可以将其分为便利品、选购品、特殊品和非渴求物品四类。

2. 产业用品

产业用品是指由企业和组织购买，用于制造其他产品或业务活动的货品和服务。根据其进入生产过程的程度及其相对成本，可分为原材料与零件、资本项目、物料及服务三类。

想一想

你把餐馆里的产品定为非耐用产品还是服务？为什么？

三、产品组合

在市场经济条件下，大多数企业要根据市场需求和自身能力，确定生产和经营哪些产品，明确产品之间的关系，这些都是企业产品组合决策的主要内容。

产品组合是指一个企业生产或者销售的全部产品线和产品项目的组合。产品线是指一组密切相关的同类产品，又称为产品大类或产品系列。所谓密切相关，是指它们或者功能相似，或者卖给同类顾客，或者通过同样的渠道销售，或者价格落在同一范围内。产品项目指在同一产品线或产品大类中各种不同型号、规格、质量、档次和价格的产品。

产品组合具有一定的宽度、长度、深度和相关度。下面以宝洁公司为例说明这些概念，如表 4–1 所示。

表4-1 宝洁公司的产品组合宽度和产品线的长度

	产品组合的宽度				
	洗涤剂	牙膏	肥皂	方便尿布	洗发用品
产品组合深度	汰渍	格里	象牙	帮宝适	海飞丝
	象牙雪	佳洁士	柯柯	露肤	飘柔
	汰渍	登魁	佳美		潘婷
	快乐		舒肤佳		沙宣
	奥克多				伊卡璐
	黎明				

产品组合的宽度是指在产品组合中包含的产品线的多少。产品线越多，产品组合越宽。表4-1表明，宝洁公司产品组合的宽度是5。一般来说，增加产品组合的宽度，有利于扩展企业的经营领域，分散企业的经营风险。

产品组合的长度是指一个企业的产品组合中所包含的产品项目的多少，以产品项目的总数除以产品线的数目，可得出产品组合的平均长度。在表4-1中，产品项目总数是25个，产品线的平均长度是5。一般来说，增加产品组合的长度，可以使产品组合更加丰满，吸引更多的消费者选购本企业的产品。

产品组合的深度是指产品线中的每一产品所包含的不同花色、规格、尺码、型号、功能和配方等数目的多少。一般来说，增加产品组合的深度，可以占领同类产品更多的细分市场，满足更多消费者的需求。

产品组合的相关度是指各条产品线在最终用途、生产条件、分销渠道或其他方面的相关程度。产品组合的相近程度越大，其相关度也越高。反之，则越低。宝洁公司的产品都是通过相同的渠道分销，其产品组合的相关性较高。企业产品组合的相关度高，有利于实现企业资源的共享，充分发挥协同作用，提高企业竞争力。

四、产品组合调整策略

产品组合调整策略是指企业根据企业资源、市场需求和竞争状况对产品组合进行适时调整，以达到最佳的产品组合。根据实际情况的不同，可选择以下策略。

（一）扩大产品组合策略

扩大产品组合策略是指拓宽产品组合的宽度、增加产品组合的长度和产品组合的深度。也就是说，增加产品的系列或项目，扩大经营范围，生产经营更多的产品以满足市场的需要。

（二）缩减产品组合策略

缩减产品组合策略是指剔除那些获利小的生产线或产品项目，集中资源生产那些获利多的产品线或产品项目。这种策略一般是在市场不景气或原料、能源供应紧张时采用。

（三）产品延伸策略

产品线延伸是指将产品线加长，增加企业的经营档次和范围。产品线延伸的主要原因是为了满足不同层次的顾客需要和开拓新的市场。包括向下延伸、向上延伸和双向延伸三种策略。

想一想

过去很多年里，只有一种可口可乐、一种汰渍洗衣粉和一种佳洁士牙膏（普通薄荷型）。现在我们看到有六种甚至更多种的可乐，超强的、液体的和无香味的汰渍洗衣粉，以及为孩子设计的带闪光星的佳洁士牙膏。请谈谈这些品牌的延伸为制造商、零售商和消费者带来的影响。

【资料链接】

金利来品牌的成功

金利来公司在品牌扩张时，成功地运用了产品线扩张品牌策略，金利来系列男士用品在高收入男性阶层中备受青睐，"金利来，男人的世界"这一广告词也为人们认知、认同。金利来公司是在对市场做了翔实调查，逐步推出新的男士用品的基础上，实现扩张的。几年来，金利来陆续推出了皮带、皮包、钱夹、T恤衫、西装、吊带、钥匙扣等男士服装和饰品，最近还推出了男装皮鞋，从而使"金利来，男人的世界"得到进一步体现，成功地实现了企业的品牌扩张。

实践活动

调查娃哈哈产品组合的构成

【活动内容】

访问娃哈哈企业网站，收集网络上的相关信息，参考表4-1内容，绘制娃哈哈企业的产品线组合，分析该企业产品组合的宽度、深度、长度和相关度，并举例说明娃哈哈所采取的产品组合策略，从优化产品组合的角度分析其产品组合的合理性。

【活动要求】

（1）建立活动小组。学生自行组建活动小组，小组成员以3—5人为宜，每个小组推选一位组长。

（2）网络搜索。利用课外时间，通过访问娃哈哈企业网站收集娃哈哈企业产品的信息，要求尽可能全面地分析娃哈哈的产品线和产品项目。

（3）结果分享与互补。组内分享各自的搜索结果并相互补充，共同完成娃哈哈企业产品组合示意图的绘制。

（4）案例分析。各小组任选某一实例，分析娃哈哈所采取的产品组合策略，并分析该产品组合策略是如何优化娃哈哈产品组合的。

（5）小组交流与互评。教师组织小组之间进行互评与交流。

案例分析

高露洁挤出更多东西

你可能知道高露洁牌牙膏，也可能用过它，但如果有高露洁牌阿司匹林和高露洁牌抗酸剂的话，你会怎么想？关于高露洁牌的轻泻剂和高露洁牌的去头皮屑洗发液呢？上面的问题就是高露洁公司所需要探寻的问题。高露洁公司要调查进入药物市场，实现柜台销售（Over-The - Counter，OTC）的可能性。高露洁公司认识到，进入 OTC 市场并不容易。口腔药物和 OTC 产品是非常相似的，都要仰仗有效成分，都受严格规定的控制，有相同的市场营销要素，包括分销渠道的问题。高露洁公司为此设立了保健药品实验室开发产品，以发展 OTC 市场上的各种机会。20 世纪 80 年代后期，高露洁公司对一个 OTC 产品系列进行市场测试，这个系列是保健药品实验室搞出来的。在圣安多尼奥、得克萨斯、理查德曼、弗吉尼亚等地，公司销售了许多系列产品，从鼻通到轻泻剂，用的品牌是 Ektra。包装上的白色衬托了 Ektra 牌，高露洁公司的名称写在它下面。以市场测试为基础，高露洁公司悄悄地在利诺伊州的皮尔里亚建立了一个实验市场，监测一个由十个产品组成的 OTC 保健产品系列，这些产品全部使用高露洁牌，产品系列中包括高露洁牌阿司匹林止痛片，为的是向 Tylenol 挑战；高露洁牌另一种止痛片，为的是和 Advil 牌竞争；高露洁牌感冒药，对手是 Nyquil 牌；高露洁牌自然轻泻剂，意在与 Rolaids 周旋和高露洁牌去屑洗发液，以迎战海飞丝牌洗发液。

【讨论】

（1）如果高露洁公司销售牙膏或新产品系列，它的核心产品是什么？

（2）你会怎样将这些新产品分类？这些分类对经营新的产品系列有什么意义？

（3）高露洁公司的产品组合宽度、长度、深度和相关度如何？

（资料来源：王慧. 市场营销案例新编［M］. 北京：北京交通大学出版社，2004.）

第二节　新产品开发策略

知识准备

面对消费者偏好、技术及竞争情况的迅速变化，公司必须在新产品和服务的开发工作上拥有一套稳定的办法。公司获得新产品的途径有两个：一个是直接获取，如购买一个公司、专利、生产许可证等；另一个是通过新产品开发，也就是靠公司自己的研究部门来开发新产品。由于开发和推出主要新产品的成本上升，许多公司只把握现成的品牌，而不是推出新品牌。另一些公司通过模仿竞争者的产品或恢复老品牌来节约资金。我们所说的新产品，是公司通过开发与研究，初次推出的产品、改进了的产品、调整了的产品或新品牌产品。

一、新产品的概念

新产品是一个相对的概念，不同的层次有不同的定义。但总的来说，可以用以下两个标准来界定新产品：

第一，本公司的新产品。本公司第一次生产和销售的产品，但其他企业可能制造或销售过。

第二，市场的新产品。市场上第一次出现的产品。

根据以上两个标准，我们可以将新产品分为六种类型。

1. 新问世产品

新问世产品是指开创了一个新市场的新产品。大约有10%的新产品属于这一类，例如索尼公司的随身听和飞利浦开发的家庭录像机，都是属于此类新产品。

2. 新产品线

新产品线公司是指首次进入已建立市场的新产品，例如娃哈哈引进一条纯净水生产线，对娃哈哈而言是一条新的产品线，但市场上已有多家厂商生产纯净水。该类型新产品约占总数的 20%。

3. 现有生产线的补充产品

现有生产线的补充产品是指公司在已建立的产品线上增补新的产品，例如，宝洁公司于 1993 年在已有的条状肥皂生产线上推出了"玉兰油"牌肥皂，使之成为市场的一个新产品。这类新产品大约占总数的 26%。

4. 现有产品的改进更新

现有产品的改进更新是指对企业现有的产品进行必要的更新换代，赋予旧产品以新的功能或价值。大约有 26% 的新产品属于这一类。

5. 市场重新定位的产品

市场重新定位的产品是指以新的市场或细分市场为目标的现有产品，常常是对现有产品开发新的用途。例如，阿司匹林原是用来治疗感冒发烧的，后来成为医治血管阻塞、中风和心脏病的良药。这类新产品大约占总数的 7%。

6. 降低成本

降低成本是指用较低的成本提供同样性能的新产品，这种新产品，"新"的成分最少，大约占新产品总数的 11%。

二、新产品开发应遵循的原则

新产品虽然能为企业提供新的市场机会，促进企业的销售，维护企业的竞争地位，但其开发却是一项风险极大的工作。不少学者对大量新产品开发成功和失败的案例进行研究，总结出了一些新产品开发中应遵循的原则。

（一）以市场为导向

企业开发新产品的目的是为了满足消费者尚未得到满足的需求，因此，企业开发的产品是否适应市场的需要是新产品开发成功与否的关键。为此，企业在新产品开发时，必须深入进行市场研究，了解消费者对产品的品质、性能、价格和款式等方面的要求，开发满足市场需求的新产品。但市场是卖方、买方、竞争者的集合，在新产品开发中，仅仅以消费者为导向还不够，必须关注竞争者的情况，从而了解新产品未来的市场空间。因此，树立以市场为导向的新产品开发观念，并将这一观念贯穿于新产品开发的全过程，是新产品开发应首先遵循的原则。

（二）选择有特色的产品

有特色的产品是指能为消费者带来独特利益和超值享受的产品。特色可以表现在功能、造型等方面，这些有助于满足消费者的特殊偏好，激发其购买欲望。但应注意的是，产品是否有特色是由消费者而不是由企业的研究人员、工程师和营销部门来评价的。企业只有在对消费者和竞争者有充分了解的基础上，才能开发出有特色的新产品。

（三）以企业的资源为依托

企业在新产品开发时，要以企业自身的资源为依托，开发与企业技术水平和市场营销能力相适应的新产品。有些新产品，尽管市场前景相当诱人，但若企业尚不具备开发能力，企业也不能盲目进行开发。企业开发的新产品，最好能利用好企业的各种资源，实现企业经营的协同效应。这种协同可以是共用企业原有的销售力量和销售渠道的营销协同，也可以是利用企业原有技术和生产资源的技术协同。

（四）具有经济效益

企业开发的新产品必须具有良好的经济效益。也就是说新产品进入的市场应有市场吸引力。这些市场的特征包括高增长、高需求、高利润，以及缺乏强有力的竞争对手。因此，企业对拟开发的产品，要进行可行性分析，以保证新开发的产品能够获得预期的利润。可以说，取得经济效益是新产品开发的基本目的和原则。

（五）有效的组织支持

新产品开发并不是企业一个部门的工作，需要多个部门的共同参与。因此，设计科学的组织机构，组成跨职能的项目团队，是新产品开发成功的组织保障。另外，在新产品开发中，高层管理者的支持也是必不可少的。高层管理者可以集中企业的优势资源和减少组织中的官僚主义，以加快新产品开发的进程。

（六）遵循新产品开发程序

新产品开发由一系列多样化的、平行进行的活动组成，是一项巨大的系统工程。新产品开发程序描述了从新产品设想到实施的操作过程。制定一套新产品开发程序并严格遵循新产品开发的程序，能确保新产品开发的按期完成，并实现企业开发新产品的目标。

三、新产品开发的过程

新产品开发是一个循序渐进的过程，由五个主要阶段构成，即创意的产生与甄别、经济分析、开发、检验与生产及商业化。

（一）创意的产生与甄别

这一阶段的任务就是寻求各种创意，并对创意进行甄别。创意不仅可以来源于企业公司内部，如 R&G 部门、工程部门和市场营销部门的员工，还可以从顾客、竞争对手、咨询机构、高等院校和有关媒体等外部渠道获得。为寻求创意，可采用头脑风暴法、征求意见法、顾客问题分析法等，并在产生足够的创意后，对它们进行评价和筛选，以挑选出市场前景好、适合企业开发的创意，进入新产品开发的下一阶段。

【资料链接】

有效发掘构思的方法

1. 列举属性法。对某一产品的属性逐一研究，以寻找方法改良这种产品。

2. 头脑风暴法。选择具有各种专长的人员一起座谈，集思广益，以寻求具有创造性的构思。

3. 调查法。调查顾客使用某种产品的感受,寻找可以应用的部分。

4. 强行联系法。列出不同产品,把其中一种产品与另一种产品或几种产品结合起来,组成新的产品。

5. 多角分析法。列举出与产品相关的几个重要因素,查找每一个变化的可能性。

（二）经济分析

这一阶段是对拟开发的新产品从市场、技术和生产等方面进行综合评价,为产品的生产提供决策支持。市场评价工作主要有研究目标顾客的需求、市场定位研究、产品理念测试和竞争性分析等。在完成市场评价后,再进行技术可行性和工艺可行性分析,以确定可行的技术路径。最后还要评价生产能力,对生产方式、生产成本、生产规模和费用进行估计。通过这些综合分析,确定进入开发阶段的项目。

（三）开发

如果产品概念通过了经济分析,研究开发部门及工程部门可以将这种产品概念发展成为实体产品,进入开发阶段。在开发阶段还要进行市场实验,以检验产品是否满足消费者的需求。如有些企业组织部分消费者对产品模型进行评价,让消费者参与到产品的开发过程中。

（四）检验与生产

这一阶段包括产品生产测试和市场测试两部分。产品测试的主要目的是检验产品是否满足预期的规格、要求和性能,及产品能否在现实环境中使用。生产测试是通过试差法、实验法或产品测试等方法来测试生产过程,以确定成本和产量水平。而市场测试主要是检验市场对产品的接受程度,是对整个产品营销策略的检验,包括产品、定位、定价、广告促销和分销等。对于重复购买的消费品还要进行模拟市场测试。让消费者在一个模拟的环境中购买该产品,以对重复购买率和市场份额做出较为准确的估计。

（五）商业化

到了这一阶段，企业就要将产品投放市场。此时，企业不但要购买或租赁设备组织批量生产，还要进行大规模的市场开发，如广告、促销和销售促进等。目标顾客群的选择，新产品进入市场的时间、地点和方式，是这一阶段企业决策的重点。

想一想

不到三分之一的新产品设计思想是从消费者那里来的，这种很低的比例与市场营销概念中的哲学"寻找需要，满足需要"一致吗？为什么？

实践活动

寻找市场中的新产品

【活动内容】

在一定的市场范围内，采取适当的搜索方法收集新产品的相关信息，正确判断新产品的类型。

【活动要求】

（1）建立活动小组。学生自行组建活动小组，小组成员以3—5人为宜，每个小组推选一位组长。

（2）选择市场搜索的范围，确定适当的方法。

（3）市场搜索。各小组一同进行市场搜索，记录搜索到的新产品，通过分析新产品的信息判断其类型。

案例分析

"润妍"洗发水

润妍是宝洁公司在中国本土推出的第一个也是唯一一个原创品牌。因此，无论宝洁公司总部还是宝洁（中国）高层都对"润妍"寄予了厚望，满心希望这个原汁原味倡导"黑发美"的洗发水品牌能够不负众望，在中国市场一炮而红，继而成为宝洁向全亚洲和世界推广的新锐品牌。宝洁公司为这个新品牌的推广倾注了极大的心力并投入了大量的推广经费。为了扩展"润妍"的产品线，增加不同消费者选购的空间，润妍先后衍生出六个品种以便最大限度地覆盖市场，可是市场的反映却大大出乎宝洁的意料。最终，宝洁推出的润妍洗发水一败涂地，很短时间便黯然退市。

［资料来源：曾朝辉．中国洗涤用品工业，2006（2）．］

【讨论】

"润妍"失败的原因是什么？

第三节　品牌与包装策略

知识准备

品牌属于产品整体概念中的形式产品，是产品的一个重要组成部分。一个好的品牌有利于消费者接受本企业的产品，扩大产品的市场占有率，提升产品的价值，是企业一项重要的无形资产。因此，对于企业而言，正确认识品牌并运用好品牌策略具有重要的意义。

一、品牌及其策略

（一）品牌的含义与功能

1. 品牌的含义

品牌是指用来识别出售者的产品或劳务的某一名词、标记、符号、图案和颜色，以及它们的组合。其基本的功能是使企业的产品或劳务与竞争者区别开来。品牌是一个集合的概念，具体包括品牌名称、品牌标志和商标等。

（1）品牌名称

品牌名称是指品牌中可以用言语表达的部分，如"奔驰""联想"

"海尔"等。

（2）品牌标志

品牌标志是指品牌中可以被识别，但不宜用语言表达的部分，如符号、图案、色彩、字体和其他特殊的设计。如宝马汽车的 BMW，可口可乐的字体标记等。

（3）商标

商标是指经过注册登记，受到法律保护的品牌或品牌中的某一部分。通常有"注册""注册商标"或"R"字样。商标是一个法律名词，其注册者享有专利权，是其他任何个人和企业都不能随意仿效使用的品牌。

【资料链接】

不得作为商标的情况

1. 同中华人民共和国的国家名称、国旗、国徽、军旗、勋章相同或者近似的，以及同中央国家机关所在地特定地点的名称或者标志性建筑物的名称、图形相同的。

2. 同外国的国家名称、国旗、国徽、军旗相同或者近似的。

3. 同政府间国际组织的名称、旗帜、徽记相同的或者近似的。

4. 夸大宣传并带有欺骗性的。

5. 有害于社会主义道德风尚或者有其他不良影响的。

6. 仅有本商品的通用名称、图形、型号的。

7. 缺乏显著特征的。

2. 品牌的功能

（1）识别功能

品牌在消费者心目中是产品的标志，是产品的品质、特色、属性和文化的代表。消费者通过品牌就可以识别出能满足自己偏好的产品，缩短了消费者购买产品的过程，节省了消费者的时间和精力。

（2）保护功能

品牌中的商标通过注册以后受到法律保护，禁止他人使用。一方面，使企业的产品特色得到法律的保护，防止别人模仿与假冒，保护了企业的正当权益；另一方面，如果产品质量有问题，消费者就可以根据品牌直接追究企业的责任，依法向其索赔，这样也具有保护消费者权益的作用。

（3）促销的功能

品牌的促销功能主要表现在两方面：一是由于品牌是产品品质的标志，消费者常常按照品牌选择产品，因此品牌有利于引起消费者的注意，能满足他们的需求；二是由于消费者往往依照品牌选择产品，这就促使生产经营者更加关心品牌的声誉，不断开发新产品，加强质量管理，树立良好的企业形象，使品牌经营走上良性循环的轨道。

（4）增值功能

品牌既是一种品质的标志，同时也是一种身份的象征，消费者有追求品牌尤其是品牌的偏好。名牌产品在消费者心理上具有很高的附加价值，其价格一般较高。因此，品牌能为企业增加利润，具有增值的功能。

想一想

品牌与商标有何区别？

（二）品牌策略

企业在进行品牌决策时，有以下几种策略可供选择。

1. 品牌有无策略

该策略是指企业决定是否给其产品规定品牌名称。产品是否选用品牌，要根据产品的具体特点而决定。由于品牌具有识别、保护、促销和增值的功能，大多数产品应具有品牌，但以下产品可以不使用品牌：

（1）大多数未经加工的原料产品，如棉花、矿砂等；（2）同质化程度高的产品，如电力、煤炭、木材等；（3）某些生产比较简单、选择性不大的小商品，如小农具；（4）临时性或一次性生产的产品。这类产品采用品牌并不能发挥品牌的功能，不用品牌反而能节约经费，为企业增加收益。

2. 品牌使用策略

制造商在决定对产品使用品牌后，还要决定如何使用品牌。制造商的产品在品牌的使用上有三种选择：（1）制造商品牌策略。该策略可使生产者获得自立品牌的收益。（2）中间商品牌策略。受资源约束无力建立自己品牌的生产企业常采用该策略。（3）混合策略。制造商对自己生产的一部分产品采用制造商品牌，而对剩下的产品则用中间商品牌。采用混合策略利用了前两种品牌策略的优点，有利于企业迅速占领市场，扩大市场份额。

3. 统分品牌策略

如果企业决定采用自己的品牌，那么还要决定是分别使用不同的品牌，还是统一使用品牌。一般有以下两种选择。

（1）统一品牌

统一品牌是指企业对自己生产的多种产品统一使用同一品牌名称，如海尔的所有产品都使用"海尔"这同一品牌。采用同一品牌有助于新产品进入市场，节约广告费用。但其中任何一个产品的失败都会使整个品牌受到损失。因此，使用统一品牌策略的企业，必须对所有产品进行严格的质量控制。

（2）个别品牌

个别品牌是指企业对不同产品分别使用不同的品牌名称。该策略避免了企业的声誉受到某个失败产品影响的风险，同时有助于发展多种产品线和产品项目，开拓更广泛的市场。主要缺点是品牌过多、不利于创立品牌和促销费用高。这种策略适用于那些产品线较多而相关性较小，生产技术条件有差异的企业。

4. 品牌延伸策略

品牌延伸策略是指企业利用已取得成功的品牌的声誉来推出改良产品或新产品。例如，美国桂格麦片公司成功地推出桂格超脆麦片之后，又利用这个品牌及其图样特征，推出雪糕、运动衫等新产品。该策略是借助已取得成功的品牌，将新产品迅速推入市场，节约了新产品的推广费用，但新产品失败，也会影响到品牌的声誉。

5. 多品牌策略

多品牌策略是指企业为一种产品设计两个或两个以上互相竞争的品牌策略。这一决策是美国宝洁公司首创的十分成功的品牌策略。采用这种策略时应注意，每种品牌都应有一定的市场占有率，具有盈利的空间，否则会浪费企业有限的资源。

6. 品牌重新定位策略

随着时间的推移，由于消费者的偏好发生了变化或竞争者推出了新的品牌，市场对企业品牌的需求会减少。这时企业应重新评价原品牌与细分市场，对品牌进行重新定位。在对品牌进行重新定位时，企业必须考虑：（1）将品牌转移到另一个细分市场的费用，包括产品质量改变费、包装费及广告费；（2）定位于新位置的品牌的盈利能力。盈利水平取决于细分市场上的消费者人数、平均购买率、竞争者的数量和实力等。

二、包装及其策略

（一）包装的含义与类别

所谓包装，通常是指产品的容器、包装物和装潢的设计。产品的包装一般分为三个层次。

第一，基本包装。即商品的直接容器或包装物，如装有牙膏的软管、装香烟的小纸盒。

第二，次级包装。它是商品基本包装的保护层，如牙膏管外的纸盒、每条香烟的包装。

第三，运输包装。指为了储存、运输和订货而外加的包装。如装入一定数量盒装牙膏的纸箱、装运成条香烟的纸板箱。它通常加有支撑、加固和防风雨等材料，并有储运标志。

产品的包装由以下要素构成。

1. 商标

商标一般位于包装的显著位置。

2. 形状

包装形状不仅要便于搬运、储存与陈列，而且还要符合目标消费者的审美习惯。

3. 颜色

颜色是包装促销的一个重要因素。颜色的选用要符合目标市场文化背景的要求，能体现品牌的特征。

4. 图案

包装上的图案要清楚、易理解，并能突出品牌定位。

5. 材料

恰当的包装材料能促进产品的销售，企业应注意包装材料的选取。

【资料链接】

价值600万的玻璃瓶

可口可乐的玻璃瓶包装至今仍为人们所称道。1898年鲁特玻璃公司一位年轻的工人亚历山大·山姆森在同女友约会中，发现女友穿着一套筒形连衣裙，显得臀部突出，腰部和腿部纤细，非常好看。约会结束后，他突发灵感，根据女友穿着这套裙子的形象设计出一个玻璃瓶。经过反复的修改，亚历山大·山姆森不仅将瓶子设计得非常美观，很像一位亭亭玉立的少女，他还把瓶子的容量设计成刚好一杯水大小。瓶子试制出来之后，获得大众交口称赞。有经营意识的亚历山大·山姆森立即到专利局申请专利。当时，可口可乐的决策者坎德勒在市场上看到了亚历山大·山姆森设计的玻璃瓶后，认为非常适合作为可口可乐的包装。于是他主动向亚历山大·山姆森提出购买这个瓶子的专利。经过一番讨价还价，最后可口可乐公司以600万美元的天价买下此专利。要知道在100多年前，600万美元可是一项巨大的投资。然而实践证明，可口可乐公司这一决策是非常成功的。亚历山大·山姆森设计的瓶子不仅美观，而且使用非常安全，易握不易滑落。更令人叫绝的是，其瓶形的中下部是扭纹型的，如同少女所穿的条纹裙子；而瓶子的中段则圆满丰硕，如同少女的臀部。此外，由于瓶子的结构是中大下小，当它盛装可口可乐时，给人的感觉是分量很多的。采用亚历山大·山姆森设计的玻璃瓶作为可口可乐的包装以后，可口可乐的销量飞速增长，在两年的时间内，销量翻了一番。从此，采用亚历山大·山姆森玻璃瓶作为可口可乐的包装开始畅销美国，并迅速风靡世界。600万美元的投入，为可口可乐公司带来了数以亿计的回报。

（二）包装策略

由于包装在产品的销售中具有重要的作用，企业都十分重视产品的包装工作，在实践中，形成了各种不同的包装策略。常见的有以下几种。

1. 类似包装策略

企业对所生产的产品采用类似的包装，在颜色、图案、造型等方面具有类似的特征，使人一看就知道是某企业的产品。这种包装策略可以节省促销费用，有利于推出新产品。但这种策略是一把双刃剑，一旦某种产品出现了问题，就会影响到其他产品的销售。

2. 差异包装策略

企业各种产品的包装，在设计的风格、颜色的搭配和包装材料的选用上都有所不同，继而形成各自不同的包装。这种包装策略虽能避免一种产品失败而牵连其他产品的问题，但包装设计费用和新产品推广费用比采用类似包装策略要高。

3. 相关性商品包装策略

这种包装策略是指把几种消费上有关联的产品放在一个包装中进行销售。这种关联性可表现在使用、观赏或自身系列配套等方面。采用这种策略既可以方便消费者的购买和使用，有时也可以带动滞销产品的销售。常见的有化妆品套装、礼品套装等。但要注意，不要将引起顾客反感的产品进行硬性搭配，否则其结果会适得其反。

4. 再使用包装策略

再使用包装策略又称为"双重用途包装策略"，是指原包装的商品在用完以后，其包装容器可移作他用。如糖果盒、饼干盒可作为文具盒，果汁瓶可设计成茶杯，这种包装策略能引起消费者的购买兴趣，刺激消费者购买，同时使用带有商标的包装物在使用过程中可起到延期广告的宣传作用。

5. 分等级包装策略

这种包装策略是根据消费者的不同购买力水平和购买心理的差异，对同一种产品采用不同等级的包装，以吸引更多的消费者购买。例如，购买产品是为了送礼的消费者，愿意买高档包装的商品，而若是自己使用，则会选中低档包装的商品。

6. 改变包装策略

当一种产品出现滞销或长期没有改变包装时，可采用改变包装设计、变换包装材料的方式，使消费者产生新鲜感，以达到促进销售的目的。但在更换包装时，要考虑到消费者的承受能力。

7. 附赠品包装策略

这是指在包装中附送小礼品，来吸引消费者购买或重复购买以扩大产品的销售。所附赠品可以是玩具、图片、奖券等。该策略对儿童、青少年及低收入者比较有效。

实践活动

寻找市场中的新产品

【活动内容】

选择一家企业，对该企业的产品组合和产品品牌进行讨论分析。

【活动要求】

（1）在授课老师指导下，6—8人分成一组，每组选择一家企业，利用课余时间调查该企业的产品组合和品牌情况。

（2）根据所学知识，对该企业进行产品组合策略分析和品牌策略分析，并提出自己对该企业产品组合和品牌的看法，还可提出自己对该企业产品和品牌的改进。

（3）依据对该企业的调研结果和相关分析撰写研究报告。

案例分析

利用包装策略提升品牌

喜旺是一个以卖烧肉起家的小企业，以"只售当日生产产品"的销售理念和连锁店均出现排队购买现象，而成为山东省内的强势品牌。但由于产品形象过于集中，造成在消费者心中形成"喜旺＝卖烧肉的"印象。同时，在连锁形象上有很大的随意性，造成品牌断层，从而制约了企业的形象提升。

在这种状态下，公司开始寻找新的思路，进行市场扩张。针对企业当前的情况，公司对品牌资源进行盘点，并做出两个决策：一是改变肉食品牌等于低档品牌的习惯认知；二是整合营销传播，建立喜旺的独有地位。

【讨论】

采用这样的策略对于喜旺来说有什么好处？

（资料来源：中国食品产业网，2006.04）

第四节 产品生命周期

知识准备

一、典型的产品生命周期及其划分标准

产品的生命周期又称为产品市场寿命周期，是指一项新产品研制成功后，从投入市场销售开始，到销售成长阶段，直至被市场淘汰的全过程。产品生命周期可分为四个阶段：介绍期、成长期、成熟期和衰退期。

产品的介绍期是新产品投入市场的初级阶段，销售量和利润的增长都比较缓慢，利润一般为负；产品进入成长期后，市场销量迅速增长，公司开始盈利；市场销量在成熟期达顶峰，但此时的增长率较低，利润在后期开始下降；之后，产品的销量和利润显著下降，产品将退出市场，这时产品也就来到了最后的衰退期。

产品生命周期各个阶段的特点及各个阶段的市场营销目标和策略如表4－2和表4－3所示。

表4－2 产品生命周期各个阶段的特点

特点周期项目	新生期	成长期	成熟期	衰退期
销售额	低销售额	销售额迅速增加	销售额高峰	销售额下降
成本	每个客户平均需要很高成本	每个客户需要中等成本	每个客户需要很低的成本	每个客户需要很低的成本
利润	负的	利润上升	高利润	利润下降
客户	求新者	早期接受者	从众者	拖后者

续表

特点\周期\项目	新生期	成长期	成熟期	衰退期
竞争	很少	数量增加	数量稳定并开始下降	数量减少

表4-3 产品生命周期各个阶段的市场营销目标和策略

目标、策略\周期\项目	新生期	成长期	成熟期	衰退期
策略	试销，创造产品知名度	市场份额的最大化	实现利润最大化并保持市场份额	减少投入，利用品牌余热
产品	推出基础产品	推出延伸产品、服务、保证	品牌和型号的多样化	撤掉不好产品
价格	成本加成法	渗透式定价法	与竞争者价格相匹敌的价格	降价
分销	有选择地建立分销渠道	建立强有力的分销渠道	建立更强的分销渠道	选择性强，放弃不盈利的渠道
广告	在早期接受者和经销商处建立知名度	在广大市场建立知名度并引起兴趣	强调品牌差异及利益	降低调子，保住核心崇信者
营业推广	大量营业推广，引导消费	吸引主要消费者的需求	增加营业推广，鼓励品牌替换	降到最低水平

想一想

最近情况显示，吃燕麦粥尤其是吃燕麦饼，能够减少人体的胆固醇。解释人体健康因素会对燕麦片和燕麦饼的生命周期有什么影响？

【资料链接】

产品生命周期理论的产生

产品生命周期理论是由美国哈佛大学教授费农 1966 年首次提出的。费农认为，产品的生命是指在市场上的营销生命，产品和人的生命一样，要经历形成、成长、成熟、衰退这样的周期，而这个周期在不同技术水平的国家里，发生的时间和过程是不一样的，其间存在一个较大的差距和"时差"。正是这一"时差"，表现了不同国家在技术上的差距，反映了同一产品在不同国家市场上竞争地位的差异，从而决定了国际贸易和国际投资的变化。为了便于区分，费农把这些国家依次分成创新国（一般为最发达国家）、一般发达国家、发展中国家。费农还把产品生命周期分为三个阶段，即新产品阶段、成熟产品阶段和标准化产品阶段。

由上述得知，产品生命周期理论是作为国际贸易理论分支之一的直接投资理论而存在的，它反映了国际企业从最发达国家到一般发达国家，再到发展中国家的直接投资过程。

一、产品生命周期各阶段的营销策略

产品在不同的生命周期阶段，其产销量、利润水平、竞争情况、顾客需求等均表现出不同的特点。企业根据这些特点，可有效地利用企业营销组合制定营销策略，使企业在动态的市场环境中求得生存与发展。

（一）介绍期的营销策略

介绍期是产品首次投入市场的最初销售阶段，该阶段的主要特点是：消费者对产品不太了解；销量低、利润少；产品的质量不太稳定；没有建立起稳定的分销渠道，分销和促销费用高；一般没有竞争者。这时企业的营销目标是通过促销让消费者了解产品，建立分销渠道，促使那些具有超前意识和革新精神的消费者购买产品。因此，企业应综合考

虑产品、价格、渠道和促销等因素，做好产品的整体营销策划。下面按"价格—促销矩阵"（图 4 - 2），提出四种营销策略。

促　　销

	高	低
价 格 高	快速掠取	缓慢掠取
低	快速渗透	缓慢渗透

图 4 - 2　价格促销矩阵

1. 快速掠取策略

快速掠取策略即以高价格和高促销水平的方式推出新产品。该策略的使用条件是：目标市场上的大部分人不了解新产品；了解该产品的顾客愿意支付高价；企业面对潜在竞争压力，需尽快建立品牌偏好。

2. 缓慢掠取策略

这种策略下，企业以高价格和低促销水平的方式推出新产品。这一策略的促销费用低，企业可以获得较高的利润。其前提条件是：市场规模有限，消费者已经了解这种产品并愿意支付高价；潜在的竞争不迫切。

3. 快速渗透战略

这是企业以低价格和高促销水平的方式推出新产品，以求达到最快速的市场渗透和最高的市场份额的策略。这种策略适用于以下情况：市场容量足够大；消费者不了解这种新产品，但对价格反应敏感；潜在竞争很激烈；产品成本将随生产规模的扩大和学习经验的增加而下降。

想一想

电动汽车现在处于产品生命周期的哪个阶段？根据此阶段，企业的营销重点应是什么？

4. 缓慢渗透策略

采取这种策略的企业以低价格和低促销水平的方式推出新产品。这种策略可以在市场容量大、该产品的知名度较高、购买者的价格弹性大而对促销弹性很小和存在某些潜在竞争对手的情况下采用。

（二）成长期的营销策略

成长期是产品已经打开销路并迅速扩大市场份额的阶段。该阶段的主要特点是：消费者已了解该产品，销售量迅速增长；生产规模扩大，生产成本下降；已建立稳定的分销渠道，单位促销费用大幅下降；大批竞争者加入，市场上同类产品增多，竞争开始加剧。大力组织生产，扩大市场份额是这一阶段营销的重点。此时，企业可以采取的策略包括：提高产品质量和性能，增加花色品种，以提高产品的竞争力；努力寻求和开拓新的细分市场，开辟新的分销渠道；促销的目标应从建立产品知名度转移到树立产品形象，使消费者建立品牌偏好上来；企业在适当的时候要降低价格，以吸引对价格敏感的潜在购买者。

（三）成熟期的营销策略

产品经过成长期的快速增长，销售增长的速度会开始下降，产品进入成熟期。成熟期的特点是：销售量增长缓慢，逐步达到最高峰，然后开始缓慢下降；市场竞争十分激烈，各种品牌的同类产品和仿制品不断出现；企业利润开始下降；绝大多数属于顾客的重复购买，只有少数迟缓购买者进入市场；本阶段是产品生命周期中最长的一个阶段。成熟期的营销重点是延长产品的生命周期，巩固市场占有率。这就需要采取以下策略：发现产品的新用途或改变促销方式来开发新的市场；保持老顾客对品牌的忠诚，吸引新用户，提高原有用户的使用率；努力改进产品质量性能和品种款式，以适应消费者的不同需求；改进市场营销组合，积极开展促销活动，采取价格竞争手段；准备产品的更新换代。

（四）衰退期的营销策略

尽管企业努力延长产品的成熟期，但大多数产品最终还是要进入衰退期。衰退期的主要特点是：产品销量急剧下降，利润也迅速下降甚至出现亏损；消费者的消费习惯发生改变或持币待购；市场竞争转入激烈的价格竞争，很多竞争者退出市场。此时主要的工作是处理好处于衰退期的产品，确定引入新产品的步骤。主要的选择有以下几点。

1. 放弃策略

放弃策略即放弃那些迅速衰落的产品，将企业的资源投入其他有发展前途的产品上来。企业既可以选择完全放弃，也可以部分放弃。但使用该策略时应妥善处理现有顾客售后服务问题，否则企业停止经营该产品，原来用户需要的服务得不到满足，会影响他们对企业的忠诚。

2. 维持策略

在衰退期，由于有些竞争者退出市场，市场留下一些空缺，这时留在市场上的企业仍然有盈利的机会。具体的策略包括：继续沿用过去的营销策略；将企业资源集中于最有利的细分市场，维持老产品的集中营销；大幅度削减营销费用，让产品继续衰落下去，直至完全退出市场。

3. 重新定位

通过产品的重新定位，为产品寻找到新的目标市场和新的用途，使衰退期的产品再次焕发新春，从而延长产品的生命周期，甚至使它成为一个新的产品。这种策略成功的关键就是要正确找到产品的新用途。

实践活动

分析"海飞丝"洗发水的生命周期策略

【活动内容】

选择世界最大的日用消费品公司之一——广州宝洁有限公司，通过信息收集，深入了解广州宝洁的发展历程，并选择其中一种洗发水"海飞丝"产品，分析其产品生命周期各发展阶段所采用的策略。

【活动要求】

（1）小组合作，收集信息。

（2）整理信息，分类梳理。

（3）分析材料，总结策略。

（4）以小组为单位，选出代表，向全班同学交流分享，分析总结产品生命周期各阶段所采用的营销策略。

案例分析

冠生园

冠生园创建于1915年，在1918年至1949年期间，"冠生园"商标主要应用于糖果、蜂蜜、鲜蜂王浆、蜂王浆粉和固体饮料等五大类产品。20世纪90年代以后，主要用于糖果、蜂制品、面制品、调味品、速冻微波食品、啤酒、黄酒等五大系列。

【讨论】

冠生园集团生命期如此之久的原因有哪些？

（资料来源：王慧. 市场营销案例新编［M］. 北京：北京交通大学出版社，2004.）

第二章　价格策略

价格是唯一能产生收益的营销组合变量，它直接关系着市场对产品的接受程度，影响着企业利润的多少，是营销组合策略中一个重要的组成部分。但其又是一个最难以控制的营销策略，任何价格行为不但会直接影响到厂商的利益，还会涉及经销商、消费者和竞争者等各方的利益。因此，企业必须重视价格策略的选择和使用。本任务环节主要讨论定价的影响因素、定价目标、定价的方法和企业定价策略等相关内容。

第一节 影响定价的因素

知识准备

消费者对商品价格的接受程度是由多方面因素决定的。企业为使自己的产品被消费者所接受，实现其经营目标，需要制定适当的价格。因此，在定价时必须充分考虑影响和制约价格策略选择的各种因素，如产品成本、产品的供求状况、消费者心理、竞争状况和政策法律等。

一、产品成本

产品成本是企业在生产经营过程中各种费用的总和，是价格构成的基本因素和制定价格的基础。它不仅是企业定价的依据，同时也是制定产品价格的最低界限。价格只有高于成本，企业才能弥补生产过程中的耗费，获得一定的利润。若价格低于产品成本，不仅无法弥补生产经营中的耗费，而且还会导致不正当竞争的倾销，影响企业的生存与发展。

成本的分类方法很多。在管理决策中常把成本分为变动成本和固定成本。变动成本是指企业在可变投入要素上的支出，其总量是随着产量的变化而变化的成本，如生产工人的工资、直接材料费和直接营销费用等。固定成本是指企业在固定投入要素上的支出，不受产量变化的影响，如折旧费、房租、借款利息和管理费用等。将成本划分为变动成本和固定成本，有利于企业根据不同的定价目标选用不同的定价方法。

想一想

目前网上店铺的商品价格要比实体店低很多，你能分析其中的原因吗？

二、产品的供求状况

产品的价格是由市场上的需求和供给决定的。需求受产品价格、消费者的购买力、消费偏好、消费观念、生活方式和价格预期等因素的影响。在其他因素不变的情况下，需求量随着价格的上升而减少，随着价格的下降而增加，两者之间呈现一种负相关关系。这样，需求强度、需求层次、需求弹性等对价格的制定也就有重要的影响。对于需求强度大、需求层次高、价格弹性小的产品，价格可以定高一些；反之，较低的价格则更有利于企业获得较高的利润。此外，还要结合产品供给状况进行综合分析。在卖方市场条件下，厂商拥有市场主动权，采取高价策略能提高企业的利润；而在买方条件下，消费者具有充分的选择权，企业产品的价格应有市场竞争能力，以保持和扩大市场份额，实现其营销目标。

【资料来源】

用供求法则平息"谣盐"

2011 年 3 月 17 日，受日本地震及核泄漏影响，我国东南沿海部分省市出现不同程度的食用盐抢购风潮，并波及全国大部分地区。湖南省轻工盐业集团紧急加工小包盐 3400 吨，是其正常日销量的 5 倍。省轻盐集团所属各市、州、县盐业公司保持 24 小时工作状态，加大配送力量，实行平衡调拨、科学配送，严格执行国家价格政策，全力保障食盐供应。从 17 日中午到 18 日中午，已向全国各大中型超市、商店、终端网点投放小包盐 17765 吨。

三、竞争状况

价格策略不仅依赖于消费者的反应，而且依赖于竞争者的反应。竞争者的行为依不同的市场结构中竞争的激烈程度和竞争优势的变化而不同。根据市场上企业的数量和大小、产品的差异化程度及新企业进入市场的可能性等特征，市场可分为完全竞争、完全垄断、垄断竞争和寡头垄断四种结构类型。市场结构不同，企业定价方式也不同。在完全竞争的市场条件下，价格完全由市场形成，企业是市场价格的接受者，没有定价的主动权。在垄断竞争的条件下，各个企业的产品具有差异性，但同时，产品之间又可以相互替代，存在着竞争。定价的主动权在企业，企业应根据产品的差异化程度和竞争者的价格制定适当的价格。产品的差异化程度高、竞争优势明显的企业，其价格可高于其他竞争者。而在寡头垄断的市场结构中，由于企业数目较少，企业间的行为相互依存，相互影响。在定价时应充分考虑竞争者的反应。企业任何价格的变动都会引起竞争者的关注，并致使竞争者采取相应的对策。市场竞争格局和企业在市场上的地位，都会因某个企业的价格行为发生巨大变化。在完全垄断的条件下，在一个行业中只有一个卖主，没有其他企业与之竞争，整个卖主就完全控制了市场价格，它可以在国家法律允许的范围内随意定价。

想一想

高价是否意味着高额利润，从而使企业的利润最大化？

四、营销策略的一致性

价格策略作为营销组合中的一个重要组成部分，在选用价格策略时，必须考虑价格与其他营销变量的相互影响，尽量使价格策略与其他营销策略相适应，发挥最大的综合效应。

（一）产品的特点将直接影响企业价格策略的选择

应考虑的主要方面包括以下几点。

1. 产品的性质

产品性质不同，价格对消费者需求和购买行为的影响也不同。日用品购买频率高、周转快，且实行低价薄利多销，而高档品的定价可相对高一些。

2. 需求价格弹性

需求弹性大、定价低或降价，能提高企业的收益；需求弹性小，企业则可定高价或提价。

3. 产品生命周期状况

产品处于不同的生命周期阶段，价格应有一定的差异。在介绍期，定价既要考虑成本，又要考虑能否为市场所接受；在成长期和成熟期，产品大量销售，稳定的价格有利于企业取得投资效益；进入衰退期，一般应采取降价策略。

4. 相关产品

产品的替代品多，其定价不宜过高；互补品价格低，产品可适当提高价格。

5. 品牌的知名度

知名度高的商品，效用水平高，价格可适当提高；知名度不高的商品，价格以偏低为宜。

（二）分销渠道对价格策略的影响

分销渠道的长短、宽窄及分销方式和中间商的构成等，都是定价应该考虑的重要因素。企业制定的产品价格应因环节多少和渠道长短而高低不同。一个基本的原则是：低成本、高效率，让企业和中间商都有利可图。若企业采取多渠道分销策略，既有直销制，又有代理制和经销制，那么给中间商的价格要低一些，直销价格也不应定得过低，否则，中间商没有积极性。可见，分销方式对价格策略有较大的影响。

（三）促销也是影响价格的一个重要因素

企业各种促销活动，如广告、人员推销、公共关系和销售促进等，都将增加企业费用的开支。促销费用高，产品成本上升，价格自然也就较高；促销费用低，产品价格则相应可定得低一些。因此，促销也会影响价格水平的高低。

五、法律政策

除了上述这些因素之外，国家法律和政策对价格也有重要的影响。政府和立法部门往往从全局出发，为了维护国家、社会和消费者的利益，会制定一系列的经济法规，来约束和规范企业的价格行为。这种约束和限制主要体现在价格构成、价格种类、价格变化、价格水平和价格管理等方面。比如，国家直接参与价格竞争，政府制定统一价格，限制最高价格和最低价格，规定价格加成比例和成本构成要素等。每种经济法规的实行和管制手段的运用，都将引起企业定价条件改变。因此，企业在日常经营和定价过程中应密切注意货币政策、财政政策、贸易政策、法律和行政调控体系对市场流通和价格的管制措施等。企业在定价时，一方面要遵守国家法律和政策，制定最优价格，同时又要善于利用这些法律和政策保护自己的合法利益。

实践活动

商品价格和顾客需求量之间的关系

【活动内容】

选择一家在当地规模较大的超市，利用超市进行促销活动时机调查促销品的价格变化，分析产品价格变动的原因及顾客需求量的变化情况。

【活动要求】

（1）小组合作，收集信息。

（2）了解产品价格变动前后的顾客需求量变化情况。

（3）分析材料、小组讨论以下问题：

①超市为什么要进行促销活动？

②为什么这些产品的价格要变动？

③促销商品的价格变化后会不会拉动顾客的需求量？

（4）各学习小组选出学生代表进行交流分享。

案例分析

日本某品牌产品价格事件

日本某著名品牌，在日本生产机械产品，在日本国内销售，该公司开发出一种新产品（在日本应用比较多），在业内某个应用领域处于技术领先水平，该新产品具有节能环保且控制精度高的特点，目前没有同行拥有同样的技术，但是这种特点并非企业生产的必需品，有其他普通类型的产品可以替代，并且完成同样的工作，同时该公司也在经营普通产品。该公司对于该特性产品的定价在其进入市场初期就非常高，通常比国产普通替代品高2到3倍，即使比自产的普通产品也要高出差不多一倍的价格，因此在其推入市场的3年多时间里，市场占有率一直非常低，没有形成批量。最近，有同行厂家开发出具有类似特点的产品，但是价格要比其低大约30%，无奈，该公司选择跟随降价，但整体市场表现仍然不好。

【分析】

你认为该公司从新产品的定价策略来讲，是失败的吗？

（资料来源：百度文库）

第二节 定价的目标

知识准备

价格策略是营销策略的一个重要组成部分。企业的定价行为直接影响企业的利润、销量、市场占有率、竞争能力等战略目标的实现。因而，定价的目标应与企业战略目标一致。但是，在不同的市场条件下，企业的内部资源和外部环境不同，其追求的战略目标会发生显著的变化，企业定价目标也就有所不同。一般而言，定价目标可分为利润导向型、销量导向型及竞争导向型三大类别。

一、利润导向型目标

（一）利润最大化目标

利润最大化是所有企业共同追求的目标，它可分为短期利润最大化和长期利润最大化两种类型。

追求短期利润最大化的企业一般通过实行高价策略，获得超额利润以实现其目标。

采用这种策略的企业一般应具有一定的条件：一是企业在市场上处于优势地位（如占据垄断地位、享有专卖权或核心技术等）；二是企业的产品在市场上供不应求；三是产品的生命周期短。

对一个追求持续经营的企业来说，长期利润最大化才是企业经营的目标。

有时为了促销产品、开拓市场、争取顾客，实现长期利润最大化，甚至需要放弃短期利益。例如，一个企业可能会采用低价策略首先占领市场，然后再逐步提价以取得高额利润；或当企业某种产品低利或无利，但企业所有产品综合起来能获得较大利润时，企业就将该产品定较低的价格，甚至赔本销售，以招徕顾客，带动其他产品的销售，进而谋求最大的综合效益。企业通过这些方式可取得较大的市场竞争优势，占领更多的市场，实现其长期利润最大化的目标。

（二）满意利润目标

满意利润目标是一种使企业经营者和股东（所有者）都感到比较满意、比较适当的利润目标，利润既不是太高也不是太低。以满意利润为目标，是企业根据现实情况对最大利润目标的一种修正。所以，很多企业按适度原则确定利润水平，并以此为目标确定价格。

（三）预期投资收益率目标

这种定价目标是指企业以一定的投资收益率或资金利润率为目标。产品定价是在成本的基础上加上一定比例的预期收益，企业的预期销量实现了，预期收益也就实现了。这种定价方法也称为"成本加成定价"。

确立预期收益率定价目标，必须全面考虑行业性质、产品特点、市场竞争状况、市场可接受度和法律政策等因素，事先应进行充分的预测分析，结合投资额和回收期，来核定价格、销量和预期的利润水平。采用这种定价目标的企业，一般是实力雄厚、经营状况稳定、生产规模较大和具有一定市场垄断力的大中型企业。

二、销售导向型目标

（一）销售收入最大化目标

这种定价目标是指企业在保证一定利润水平的前提下，谋求销售收入的最大化。这是一种常见的定价目标。采用销售收入最大化的定价目标，至少应具备以下两个条件。

一是产品需求的价格弹性大，低价或降价可以促使产品销售收入迅速增加。

二是产品的生产具有规模经济特征，产品成本随产量的增加而降低。

（二）保持和扩大市场占有率目标

市场占有率是衡量企业经营绩效和市场竞争态势的重要指标。一个企业只有在市场份额逐渐扩大，销量逐渐增加，竞争力逐渐增强的情况下，才有可能得到持续发展。作为定价目标，市场占有率比最大利润、投资利润率和最大销售收入等指标，更容易测定、衡量和评价。许多企业尤其是具有战略眼光的大中型企业，都经常采用这种定价目标，以低价策略来保持和扩大市场占有率，增强企业竞争实力，最终获得长期利润。

想一想

美国贝尔电话电报公司曾垄断了美国90%以上的电话器材和电话电报业务，美国政府为鼓励竞争，取消了贝尔公司的专利权，并强制贝尔公司解散。你能解释美国政府为什么要这样做吗？

（三）保持与分销渠道良好关系目标

企业在定价时，除了考虑成本、需求和竞争情况以外，还要考虑与分销渠道的关系。良好的渠道关系能保持分销渠道通畅、高效，是企业营销成功与否的重要条件。渠道中的每一个成员都会追求自身利益的最大化，这就要求企业必须充分研究价格对渠道成员的影响。这种定价目标适合于刚进入市场的对中间商依赖性强的新企业，为了保持与分销渠道的良好关系，企业大多数采用低价让利、高额回扣、价格折扣、价格补贴、分期付款等措施。

三、竞争导向型目标

（一）避免和应付竞争目标

这种定价目标是在激烈竞争的市场上，企业为了适应竞争的需要而制定的。在市场竞争中，价格竞争是一个重要的竞争手段，尤其是在产品标准化程度高、产品差异性小、规模经济要求明显的行业，价格竞争更为激烈。为避免和应付竞争，企业可采用制定低于或高于竞争者价格及与竞争者价格相同的定价策略。

（二）保持和稳定价格目标

稳定的价格能减少经营风险，避免恶性价格竞争，为企业带来较为稳定的收益。为了达到保持和稳定价格的目标，市场中各企业之间有时候会形成一种默契，由行业中的一家企业决定产品的价格，其他企业则相应跟着定价。这种价格形成方式被称为"价格领袖模式"。确定价格的企业叫"领袖企业"，一般是行业中最大、实力最强的企业，其生产效率最高、成本最低。按这种目标定价，可以使市场价格在一个较长的时期内相对稳定，使企业之间避免因价格竞争带来不必要的损失。稳定价格目标是寡头垄断市场上企业通常采用的一种定价目标。

实践活动

家乐福超市定价

【活动内容】

选择当地的大型购物超市家乐福超市，对该超市进行商品定价调查，并了解超市在商品定价时都需要考虑哪些因素。

【活动要求】

（1）六名同学一组，进入超市进行调查。各小组根据调查情况讨论超市商品的定价策略与技巧。

（2）调查完毕，各调查小组推荐一位学生代表在班上做专题发言。

案例分析

智能电视价格大战

2014年五一假期的彩电价格战已经提前启动，很多品牌彩电都创下了价格新低。"什么都在涨价，就家电还在降价，没想到一台彩电的价格还不如我手里的这部手机！"一位正在想给孩子房间添置一台新电视的顾客没想到还有这么便宜的电视！在国美电器里，多数国产品牌32英寸液晶电视的价格基本上都在1000元出头，只相当于一部中低档手机的价格，而且还都是TCL、长虹等大品牌。长虹、海尔等55英寸大屏幕智能电视的价格也不过在4000元以内，比苹果手机还便宜。据国美销售员介绍："像这种55英寸电视，现在的价格比去年这个时候至少降了一半！"除了国产品牌大打价格战外，外资品牌在这场价格战中也不甘示弱，最吸引眼球的仅售2999元的50英寸液晶电视就来自洋品牌"三洋"。在苏宁联想桥店，彩电价格战同样激烈，多个品牌的39英寸全高清电视都跌破了1600元，48英寸智能电视也跌破了3000元，曾经价格坚挺的夏普电视甚至在促销时段还搞起了"全场8折"。

【讨论】

（1）为什么家电行业屡屡发生价格战？你怎样看待价格战？

（2）企业应如何应对价格战？你有什么好的建议？

（资料来源：青岛财经日报，2014.01）

第三节 定价的方法

知识准备

定价方法是企业综合考虑定价的影响因素，对产品价格进行计算或确定的方法，是将企业定价战略与具体价格水平联系起来的重要环节。

一、成本导向定价法

成本导向定价法是以产品的成本为基本依据，再加上预期利润来制定价格的一种方法，由于其简单易操作，所以被企业广泛应用。它又可分为三种具体的定价方法：成本加成定价法、目标收益定价法、盈亏平衡定价法。

（一）成本加成定价法

成本加成定价法是首先核算生产产品的总成本（包括变动成本和分摊的固定成本），然后再加上一定的目标利润即加成，来确定产品的价格。计算公式为：

$$单位产品价格 = 单位产品成本 \times （1 + 加成率）$$

在应用时要注意成本的核算和加成率的确定。在经济学中已被证明，当加成率 $m = -\dfrac{1}{1 + E}$（E 为产品的需求价格弹性）时，企业能实现利润最大化。这种方法简单易行，便于操作。但定价时没有考虑竞争等其他因素，就难以制定出能适应市场竞争的价格。

假定某企业生产某产品的变动成本为每件 10 元，标准产量为 500000，总的固定成本为 2500000。若产品的价格弹性为 -5，问价格应定位多少？

解：（1）计算加成率。

$$m = -\frac{1}{1 + E} = 25\%$$

（2）计算单位固定成本（AFC）

$$AFC = \frac{2500000}{500000} = 5$$

（3）计算单位总成本（ATC）

$$ATC = 10 + 5 = 15$$

（4）计算产品价格（p）

$$P = 15 \times (1 + 25\%) = 18.75 （元）$$

（二）目标收益定价法

目标收益定价法又称目标利润定价法，是根据企业的利润总额、预期销量和投资回收期等因素来确定价格。

例如，假设建设空调厂总投资为 1000 万元，投资回收期为 5 年，固定成本为 500 万元，每台空调变动成本为 1000 元，当销量达到 2000 台时，若采用目标收益定价法，其基本步骤为：

（1）确定目标收益率

目标收益率 = 1 ÷ 投资回收期 × 100% = 1 ÷ 5 × 100% = 20%

（2）确定单位产品目标利润额

单位产品目标利润额 = （总投资额 × 目标收益率）÷ 预期销量

= （10000000 × 20%）÷ 2000 = 1000（元）

（3）计算单位产品价格

单位产品价格 = 企业固定成本 ÷ 预期销量 + 单位变动成本 + 单位产品目标利润额

= 5000000 ÷ 2000 + 1000 + 1000 = 4500（元）

使用这种方法计算的价格可以在实现销量时收回投资，但要求企业对销量的预测要比较准确，否则无法收回预期投资。另外，这种方法只是从企业角度出发制定价格，很少考虑市场竞争和需求的实际情况。对于那些需求价格弹性较大的产品，如用这种方法制定价格，就无法保证销量的必然实现。但对于需求比较稳定的大型制造业、供不应求且价格弹性小的商品，市场占有率高、具有垄断性的商品，以及大型的公用事业、劳务工程和服务项目等，目标收益法仍不失为一种有效的定价方法。

（三）盈亏平衡定价法

盈亏平衡定价法是根据盈亏平衡点原理制定价格。盈亏平衡点又称保本点，在这一点时企业不盈不亏，收支平衡。盈亏平衡点时的价格称为保本价格，销售量称为保本销售量。依据"总收入＝总成本"可以推算出保本价格公式：

保本价格＝固定总成本÷预计销量＋单位变动成本

例如，某企业的产品年固定成本为 20 万元，单位变动成本为 60 元，预计销量会达到 5000 件，计算其保本价格。

解：保本价格＝200000÷5000＋60＝100（元）

从公式中可以看出，保本价格就是产品的总成本，价格制定得较低，只能弥补成本费用，并没有盈利。因此，在实际中均将盈亏平衡点价格作为价格的最低限度，这种方法比较适合于滞销产品或在应对竞争提高市场占有率时使用。

二、需求导向定价法

这种定价方法又称"顾客导向定价法""市场导向定价法"，是以顾客对产品的需求和可能支付的价格水平为依据来制定产品价格的定价方法。其特点是，企业产品价格随需求的变化而变化，与成本因素的关系不大。

（一）认知价值定价法

认知价值定价法，也称"感受价值定价法""理解价值定价法"。这种定价方法认为，某一产品的性能质量、服务、品牌、包装和价格等，在消费者心目中都有一定的认识和评价。消费者往往根据他们对产品的认识、感受或理解的价值水平，综合购物经验、对市场行情和同类产品的理解而对价格做出评判。当商品价格水平与消费者对商品价值的理解水平大体一致时，消费者就会接受这种价格；反之，消费者就不会接受此价格，商品就卖不出去。认知价值定价法的优点十分明显，但实际操作时不易掌控，主观性较大。企业对消费者认知价值的评定和判断越准确，成功的可能性越大；否则，失败率越高。

【资料链接】

"米利奥家庭餐馆"的顾客定价

餐馆的饭菜价格，从来都是由店主决定的，顾客只能按菜谱点菜，按价计款。但在美国的匹兹堡市却有一家"米利奥家庭餐馆"，是由顾客定价的。在餐馆的菜单上，只有菜名，没有菜价，顾客根据自己对饭菜的满足程度付款，无论多少，餐馆都无异议；如顾客不满意，甚至可以分文不付。但事实上，绝大多数顾客都能合理付款，甚至多付款。

议一议

水果店怎样提升消费者对苹果的认知价值？你能提出哪些建议？

（二）差别定价法

差别定价法就是指同一产品对不同的细分市场采取不同的价格，是差异化营销策略在价格制定中的体现，是一种较为灵活的定价方法。这种定价方法所制定的价格通常与成本无关，只与顾客的需求相联系。一般来说，差异定价法以市场在以下几方面的差异为依据来定价。

1. 顾客差异

同一种产品，对不同的顾客，制定不同的价格。如很多交通部门对成人和儿童制定不同的价格；在旅游业中，对国内和国外游客制定不同的价格。

2. 产品差异

对不同型号、不同档次的产品制定不同的价格。不同型号和档次的产品固然成本不同，但制定不同价格，主要是因为不同产品的需求价格和弹性不同。如宾馆的客房分为豪华、中等和标准几个等级，不同等级的客房价格不同。

3. 空间差异

同一种产品因处于不同的空间位置而定不同的价格。例如，同一产品在国内和国外市场定不同的价格；剧院因座位位置的不同定不同的价格。

4. 时间差异

同一种产品，在不同的季节、日期甚至钟点销售制定不同的价格。如打长途电话，白天与夜间的收费不同；旅游业中旺季和淡季的收费不同。

（三）反向定价法

这种定价方法主要是依据消费者能够接受的最终销售价格，反向推算出中间商的批发价和生产企业的出厂价格。反向定价法的特点是：价格能反应市场需求情况，有利于加强与中间商的良好关系，保证中间商的正常利润，使产品迅速向市场渗透，并可根据市场供求情况及时调整，定价比较灵活。

三、竞争导向定价法

在不同的市场竞争结构中，企业面临的竞争激烈程度不一样，这也将直接影响企业的定价行为。竞争导向定价法就是以市场上主要竞争对手的同类产品的价格为定价依据，并根据竞争态势的变化来调整价格的定价方法。常见的竞争导向定价法主要有随行就市定价法、限制进入定价法和投标竞争定价法三种。

（一）随行就市定价法

随行就市定价法又称"流行价格定价法"，是指在一个竞争比较激烈的行业或部门中，某个企业根据市场竞争格局，跟随行业或部门中主要竞争者的价格，或各企业的平均价格，或市场上一般采用的价格，来确定自己的产品价格的定价方法。

这种定价方法应用得相当普遍，适用于除了完全垄断以外的其他类型的市场结构。在完全竞争和垄断竞争市场结构下，价格是由市场中参与交易的无数买方和卖方共同作用的结果，企业只是市场价格的接受者，随行就市定价法是主要的定价方法。而在寡头垄断市场结构条件下，一些差异很小的同类产品如汽车、钢铁和水泥等的价格主要是由少数"价格领袖"企业确定，其他企业参照"价格领袖"制定自己的价格。

（二）限制进入定价法

限制进入定价法是指企业的定价低于利润最大化的价格，以达到限制其他企业进入的目的，是垄断和寡头垄断企业经常采用的一种定价方法。在垄断和寡头垄断市场上，若以利润最大化为目标，可以获得较大的经济利润。但如果没有大的市场进入壁垒，高额利润会诱惑其他企业进入。随着新企业的进入，市场竞争日趋激烈，原有企业的价格和利润将不断下降。而采用这种定价方法，企业虽然在短期内不能实现利润最大化的目标，但能以短期利润的损失来阻止新的竞争者进入，从而在长期内获得一个较低但有保障的持续收入流。

必须注意的是，实行限制进入定价法的前提是现存企业必须比潜在的进入者拥有成本优势。如果没有，就不能以价格为限制来阻止新企业的进入。

（三）投标竞争定价法

投标竞争定价法是指用投标竞争的方式确定商品价格的方法。一般由招标方（买主）公开招标，投标方（卖主）竞争投标，密封递价，买方择优选定价格。投标竞争定价的基本特点是：招标方只有一个，处于相对垄断地位，而投标方有多个，处于相互竞争地位。投标竞争定价法的主要优点是：通过公平竞争的方式实现交易过程，避免了价格决策的主观性和交易中的"寻租"行为。但由于组织招标过程复杂，组织费用较高，一般适用于大宗商品、原材料、零部件和工程项目的买卖和承包。

实践活动

为蛋糕店定价

【活动内容】

根据蛋糕店的基本情况，各组依照资料选择不同的成本导向定价法计算产品的价格，为本模拟公司的产品定价打好基础。

【活动要求】

（1）熟悉背景资料：本校学生小明毕业后准备自己创业，由于比较喜欢做蛋糕，所以自费学习了蛋糕制作技术，想在母校附近开一家蛋糕店，制作成本如下：蛋糕饼成本价格5—6元；奶油每箱价格120元，一箱12瓶，一瓶可做蛋糕2—3个；外用果膏2—3元；巧克力配件5元左右；包装5元左右；音乐蜡烛2元左右；盘子和刀具1元。设备、租金、装修等30000元，工人工资共计3000元，共投资5万元，通过调查，预计月销售量200个。

（2）各组对学校附近的市场需求和竞争情况进行调查，包括居民数量、收入、竞争等，根据调查结果确定蛋糕店的定价目标。

（3）各小组选择成本导向定价法中的任意一种方法计算蛋糕的价格，并说明定价目标和理由。

（4）各小组将定价结果进行整理，并说明核算过程。

案例分析

醉翁之意

珠海九州城里有只3000元港币的打火机。许多观光客听到这个消息，无不为之咋舌。如此昂贵的打火机，该是什么样子呢？于是，九州城又吸引了许多慕名前来一睹打火机"风采"的顾客。

这只名曰"星球大战"的打火机看上去极为普通，它真值这个价钱吗？站在柜台前的观光者人人都表示怀疑，就连售货员对此也不置可否，一笑了之。它被搁置在柜台里很长时间无人问津，但它旁边的 3 元港币一只的打火机却是购者踊跃。许多走出九洲城的游客坦诚相告：我原是来看那只"星球大战"的，不想却买了这么多东西。

无独有偶，日本东京都滨松町的一家咖啡屋，竟然推出了 5000 日元一杯的咖啡，就连一掷千金的豪客也大惊失色。然而随着消息传开，抱着好奇心理的顾客蜂拥而至，使往常冷冷清清的店堂一下子热闹起来，果汁、汽水、大众咖啡等饮料格外畅销。

【试析】

（1）珠海九洲城和日本东京都滨松町咖啡屋运用的是一种什么定价方法？

（2）它的适用条件是什么？

（资料来源：百度文库）

第四节　定价策略

知识准备

定价是一个极为复杂的过程。消费者接受某一商品的价格，受到心理、社会和文化的影响。企业按照不同的定价目标，采用不同的定价方法，只是得到产品的基本价格。企业还要根据各种不同的市场环境、产品条件和企业目标，运用灵活多变的定价技巧，修正和调整产品的基本价格，制定出被消费者所接受的价格。这就涉及定价过程中的策略选择问题。定价策略有很多，在这里介绍几种在市场营销活动中常见的定价策略。

一、新产品定价策略

新产品定价是企业定价决策中的一个难题，与一般产品的定价有很大不同。新产品与其他同类产品相比，具有技术经济优势和竞争程度低的优点，但同时又有产品不被消费者认同和产品成本高的缺点。因而，新产品定价的目标具有双重性：一是尽快收回成本，获取最大利润；二是让消费者尽快地接受新产品，迅速占领市场。为了实现定价目标，企业在产品定价时，常常采用的有取脂定价、渗透定价和温和定价三种定价策略。

（一）取脂定价策略

"取脂定价"又称"撇脂定价"，是指企业以高价将新产品投入市场，以便在产品市场生命周期的开始阶段取得较大利润，尽快收回成本，然后再逐渐降低价格的策略。这种先高后低的定价策略，就像从鲜奶中撇去奶油一样，从厚到薄，从精华到一般，故称为撇脂定价策略。

作为一种定价策略，取脂定价策略有一定的适用条件，具体有以下几点。

● 市场有足够的购买者，他们对价格敏感度低，需求价格弹性小。

● 产品的价格定得很高，能使人们产生这种产品是高档产品的印象。

● 产品技术独特、竞争者难以仿效。

● 小规模生产能实现盈利。

因而，该定价策略主要适用于化妆品、流行的服装鞋帽、特殊用品及高档品。

（二）渗透定价策略

渗透定价是指企业将新产品的价格定得相对较低，尽可能地快速打开销路，获得较大的市场占有率，待产品在市场站稳脚跟以后再将价格提高的一种定价策略。

渗透定价策略的优点是，低价易为消费者接受，有利于迅速打开销路，提高市场占有率，同时低价的薄利不会吸引竞争者大量进入，诱发恶性竞争行为，便于企业长期占领市场。但该策略存在投资回收期长，价格调整空间较小和低价易使消费者产生不信任等不足之处，也限制了该策略的应用。从市场营销实践看，企业采取渗透定价需具备以下条件。

- 市场需求弹性大，消费者对价格极为敏感。
- 生产具有规模经济特征，即大批量的生产能显著降低成本。
- 低价不会引起实际和潜在的竞争。
- 企业的经营目标追求长期利益而不是短期利益。

该定价策略一般适用于一些低档商品、易耗商品、专用性不太强的商品和生活必需品。

议一议

Intel 处理器和简易多用刀具，哪一种适合采用撇脂定价？哪一种适合采用渗透定价？为什么？

（三）温和定价策略

温和定价策略又称为满意定价策略或君子定价策略，是指企业为了兼得取脂定价和渗透定价的优点，将价格定在适中水平上的价格策略。这是一种居中的价格策略，它既能保证企业获得满意的利润，又能为消费者接受，对买卖双方都有利。该策略具有风险较小，易为各方接受和有利于企业实现目标利润等优点。其缺点是特点不突出且较为保守，产品难以打开销路，易使企业失去市场机会。该定价策略应用较为普遍，多用于一些生产和生活必需品的定价。

二、心理定价策略

心理定价策略是一种运用营销心理学原理，利用顾客的心理因素或心理障碍，根据各种类型的顾客购买商品或服务时的心理动机制定商品或服务的价格，引导和刺激购买的价格策略。在实际应用中，心理定价策略主要有尾数定价、整数定价、小计量单位定价、声望定价和招徕定价等五种形式。

（一）尾数定价

尾数定价又称"零数定价""非整数定价"，是指企业利用顾客数字认知的某种心理，以零头数结尾的一种等价策略。通常是以一些奇数或吉利数结尾，如把价格定在 0.99 元、2.98 元、9.99 元等。这种定价策略使价格水平处于较低的一级档次，能给人以便宜、定价精确的感觉，从而满足消费者求廉求实的心理，激起消费者的购买欲望。主要适用于单位价值较低但使用频率较高的产品。

（二）整数定价

这是商品的价格以整数结尾的定价策略。常常以偶数，特别是以零为结尾，例如以 500 元、800 元、1200 元等来表示商品的价格。这样定价抬高了商品的身价，有利于在消费者心目中树立高价质优的形象，满足消费者求名求新的心理。适用于高档耐用消费品、贵重商品、时髦商品和消费者不大了解的商品。

（三）小计量单位定价

某些价格高的商品用一般的计量单位表示，会使消费者产生太贵的感觉，抑制消费者的购买。这时可改变计量单位，采用化零为整的方法，用小计量单位来计价。例如，黄金每克 90 元，人参每 10 克 150 元。小计量单位定价给消费者一种相对便宜的感觉，其心理上比较容易接受。这种定价策略主要适用于量少值大的商品。

（四）声望定价

声望定价又称为"威望定价策略"，是一种根据产品在消费者心目中的声望和产品的社会地位来确定价格的定价策略。它是指对那些有较高声誉的名牌高档商品或在名店销售的商品制定较高的价格，以满足消费者求名和炫耀的心理。高价显示了商品的优质，也显示了购买者的身份和地位，给予消费者精神上的极大满足。例如，皮尔卡丹西服、劳斯莱斯轿车、阿迪达斯运动鞋都是采用声望定价策略，这些产品都会成为其使用者身份和地位的象征。采用声望定价策略，要求企业有优质的产品、良好的声誉及优质的服务，特别适宜于质量不易鉴别的商品的定价。

【资料来源】

小服装，大学问

北京一个经营服装的个体户，从南方购进一批黑色螺纹紧身裤，标价18元，可是怎么也卖不动。失望之余，他恶作剧地在标价18后加了一个0，此举居然引得顾客蜂拥而至，几天内这些标价180元一条的裤子就被抢购一空。此人且喜且愕，对着大把的钞票频频叹道：真邪门了！其实，该个体户的成功正是他无意中利用了顾客"高价必然高质量"的消费心理。

（五）招徕定价

招徕定价是指零售商利用消费者的求廉心理，特意将某几种商品的价格定得较低以招徕顾客。如某些商店随机推出降价商品，每天、每时都有一两种商品降价出售，吸引顾客经常来采购廉价商品，同时也选购其他正常价格的商品，借机带动其他商品的销售，以扩大销售业绩。商店的特价商品、酒店的特价菜等都属于招徕定价。这种定价策略成功的关键是招徕定价的商品必须是消费者生活必需的、购买频率高且价格对消费者有吸引力的商品。另外，这些招徕定价的商品的品种和数量要适当，降价的幅度要适中。

想一想

32盎司包装的洗衣粉A的价格为2.19美元，26盎司包装的洗衣粉B的价格为1.99美元，指出哪种更具有吸引力。如果质量一样，哪种具有更实在的价值？解释一下这种定价的方法是否考虑了心理因素。

三、地区性定价策略

一般来说，产品的生产和消费有一定的空间距离，要满足消费者的需求，必须将产品从生产地运送到消费所在地，需要花费一些运输、仓储等费用。地区性定价就是针对这些费用的分摊而采用的一种定价策略。它是指企业依据商品的特性、所在地区的市场情况、交货条件、费用分摊等不同情况，对不同的地区实行不同价格的策略。地区性定价策略的形式有 FOB 原产地定价、统一交货定价、分区定价、基点定价和运费免收定价五种形式。

四、折扣与让价策略

折扣与让价，是企业为了更有效地吸引顾客，鼓励顾客购买自己的产品，而给予顾客一定比例的价格减让，具体有以下几种。

（一）现金折扣

现金折扣是企业对按预定日期付款或用现金购买的顾客的一种折扣。一般来说，顾客欠账时间越长，成为坏账的可能性就越大。另外，通过收账代理机构收回货款，收账费用也会增加。因此，许多企业为了能尽快收回货款，减少风险，常常采用现金折扣的方式鼓励顾客提前付款、及时结清货款。

想一想

西方国家的现金折扣中常常有这样的条款：如"5/30，Net/90"，这表示什么意思？

（二）数量折扣

数量折扣是指对顾客按购买数量的多少，分别给予不同的折扣。顾客购买越多，获得的折扣越大。其目的是鼓励顾客大量购买，以获得规模经济效益。数量折扣有累计数量折扣和非累计数量折扣两种形式，累计数量折扣是指规定在一定期限内，顾客购买本企业的商品达到一定数量或金额，按总量大小给予不同折扣；非累计数量折扣又称为一次性折扣，即规定一次购买某种商品达到一定的数量或金额时所给予的折扣优惠。

（三）功能折扣

功能折扣也叫交易折扣，是指生产企业对中间商经营其产品所付努力的报酬。生产企业常常根据各类中间商在市场营销中作用的不同，给予大小不同的折扣。一般而言，中间商在产品分销中承担的功能、责任、风险越大，其获得的折扣就越多。

（四）季节性折扣

季节性折扣是指对购买过季商品的顾客给予的折扣。例如，滑雪橇制造商在春夏两季给零售商季节折扣，以鼓励提前订货。旅馆和汽车旅客旅馆、旅行社和航空公司，在旅游淡季通常都会给顾客一定的折扣优待。

【资料链接】

美国航空公司的定价策略

美国航空公司首先将市场细分为私人旅游乘机和商务乘机。预定时间：私人1—3个月；商务1—2周。所以只对提前超过2周订票的票价进行打折，而短期订票价格维持不变。

（五）折让

折让是折扣的另一种形式，有利于顾客和中间商积极消费和购买企业的产品。主要有两种形式。

1. 以旧换新折让

这是指企业收进顾客同类商品的旧货，并在新货价格上给予一定的折让。比如，一台新的洗衣机售价500元，顾客交回的本企业生产的旧洗衣机仍值100元，那么再付400元就可购得新货。

2. 促销折让

这是由生产企业给予参加其产品促销活动的中间商的一种减让，以补偿他们的促销费，调动他们推销产品的积极性。

五、产品组合定价策略

当产品是产品组合的一部分时，产品的定价策略就需要改变。在这种情况下，企业寻求一组价格，能够使整个产品组合的利润最大。由于各个产品的需求成本及面对的竞争程度各不相同，所以定价的难度较大。常见的产品组合定价策略有以下几种。

（一）产品系列定价

公司通常会开发一个产品系列，而不是一个单一产品。例如，斯耐波公司制造许多不同的割草机，从价格为 259.95 美元、299.95 美元、399.95 美元的简单手推式，到 1000 美元左右可以骑上去开的都有，系列中每个成功的割草机都有其特点。

（二）备选产品的定价

许多公司在销售与主体产品配套的备选产品或附加产品时，使用备选产品的定价方法。例如，一位汽车购买者可能选择电动窗、油门锁定键、带激光机的音响等。为这些备选产品定价是很棘手的问题，汽车公司必须决定哪些产品包括在汽车基础价格里，哪些作为备选产品。

（三）附属产品的定价

公司生产的产品，如果必须与一个主体产品同时使用才行，需要使用附属产品定价法。举例来说，剃须刀的刀片、照相机的胶卷和计算机的软件等都是附属产品。主要产品的生产商有时将主体产品（剃须刀、照相机和计算机硬件）的价格定得很低，但把附属产品的价格定得很高。

（四）副产品的定价

生产肉类、石油产品、化工产品和其他产品，常常会有副产品。如果副产品没有价值，或者丢掉这些副产品的成本很高，会影响主体产品的定价。使用副产品定价法时，制造商需要找到这些副产品的市场，价格只要能够比储存和运输副产品的成本高就可以了。这种做法能够使销售者降低主体产品的定价，使主体产品更具有竞争力。

（五）成组产品定价

使用成组产品定价方法，销售者一般将几种产品归在一起，并为这些成组产品制定一个较低的价格。例如，剧院和球队销售季票，比一场一场单独买要便宜得多；旅馆提供成套服务，包括房间、用餐、娱乐，但归纳在一个价格下。不过，成组产品的价格必须足够低，以便能够吸引人们购买。

实践活动

收集新产品定价案例

【活动内容】

小组开展活动收集成功的新产品定价案例，分析其成功理由和改进建议。

【活动要求】

（1）五个学习小组调查和收集几种刚上市的新产品的价格信息，讨论分析产品特点和定价策略。

（2）寻找新产品定价的成功案例，讨论分析新产品上市采用的定价策略是什么？采用这种定价策略的原因是什么？

（3）各学习小组汇总讨论结果。

案例分析

让利销售

20世纪70年代初，美国市场竞争日趋激烈，有一家名叫"斯里兰"的百货公司，面临着"被人吃掉"的危险。为了求生存，他们突发奇招，将一种最为畅销的"雪山"牌毛毯让利8%，顾客凡在公司购得一条雪山牌毛毯，可得优惠券一张，凭此券再去公司购物可优惠15%，并再给顾客一张二次优惠券；顾客凭此券再去公司购物，便可优惠20%；若顾客能三次购物，公司便发给顾客"忠实上帝"抽奖券一张。顾客凭此券便可参加公司根据购物价值级别设立的各种抽奖，奖品为公司所售的冰箱、彩电、计算机、自行车等，若顾客不能中奖，便可凭抽奖券在公司挑一件价值3—5美元的小商品作为感谢礼物。此招一出，公司不但没有在竞争中被人吃掉，反而站稳了脚跟。

【试析】

"斯里兰"百货公司在促销时，运用了什么营销策略？

（资料来源：百度文库）

第三章　渠道策略

由于数以万计的信息在抵达目标受众之前就相互碰撞，即使是最精明的经过仔细雕琢的促销信息，其生命也极其短暂，所以，今天面对如此密集的噪音，通过促销维持已取得的竞争优势已经变得不可能了。而营销组合中的第四个"P"即营销渠道，对竞争对手来说，难以在短期内模仿；对获得竞争优势来说，比其他要素更能提供潜在力量。营销渠道执行的功能是把商品从生产者那里转移到消费者手中，它弥合了产品、服务和消费者间的缺口，主要包括时间、地点和持有权等缺口。正是营销渠道所执行的功能才使得商品的价值能够得以实现，尤其是在产品市场由卖方市场转变为买方市场时，会使商品价值的实现更加依赖于营销渠道。

第一节　分销渠道

知识准备

一、分销渠道概念

分销渠道是指产品或服务在从生产者向消费者或用户转移的过程中，取得产品或服务的所有权，或者帮助转移所有权的所有企业或个人。包括商人中间商、代理中间商和物流公司，他们统称渠道成员。

分销渠道的作用在于它是联结消费者的桥梁和纽带。企业使用分销渠道是因为在市场经济条件下，生产者与消费者或者用户之间有空间分离、时间分离、所有权分离、供需数量差异及供需品种差异等方面的矛盾。

【资料链接】

丸万打火机——高级的打火机

在你的认知中，打火机是消费品还是奢侈品？日本丸万公司打破了你对打火机的这种固有印象。在日本，打火机原先一般都在百货商店或是在附带卖香烟的杂货店里卖。可是，日本丸万公司十几年前在推出瓦斯打火机时，就把它交由钟表店销售。如今，日本的钟表店到处都是卖打火机的，这是以前根本没有的现象。钟表店一向被认为是卖贵重物品的高级场所，在这里卖打火机，人们一般会视它为高级商品。而在暗淡的杂货店、香烟店里，上面蒙着一层灰尘的打火机和摆放在闪闪发光的钟表店中的打火机，这两者给人的印象当然是天壤之别了。丸万公司采取在钟表店销售打火机的方式收到了惊人的效果，他们的打火机十分畅销。由于采取的是反传统的销售渠道，他们的打火机出尽了风头，令人产生了该公司的打火机非常高级的印象。丸万公司的打火机目前风行于世界的每一个角落。

　　中间商是指那些将购入的产品再销售或租赁以获取利润的厂商，如批发商和零售商。他们创造时间、地点及所有权效用，并为其顾客扮演采购代理人的角色，购买各种产品来转售给顾客。中间商包括批发商、零售商、代理商和经纪人。

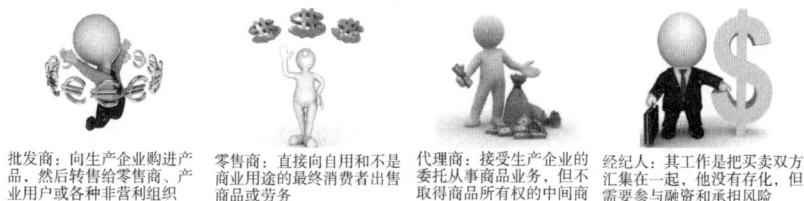

批发商：向生产企业购进产品，然后转售给零售商、产业用户或各种非营利组织

零售商：直接向自用和不是商业用途的最终消费者出售商品或劳务

代理商：接受生产企业的委托从事商品业务，但不取得商品所有权的中间商

经纪人：其工作是把买卖双方汇集在一起，他没有存化，但需要参与融资和承担风险

图 4 - 3　中间商

想一想

为什么要利用中间商？中间商能帮制造商做些什么？

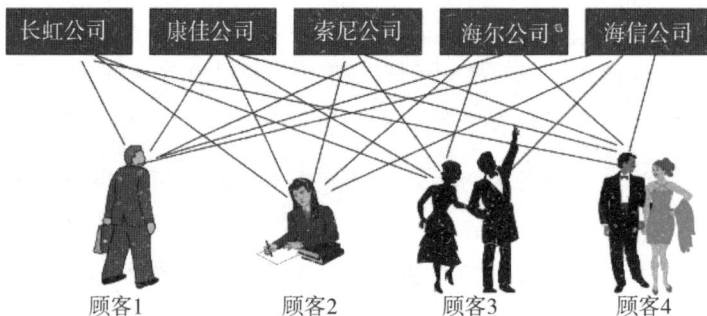

长虹公司　康佳公司　索尼公司　海尔公司　海信公司

顾客1　　顾客2　　顾客3　　顾客4

图 4 - 4　中间商

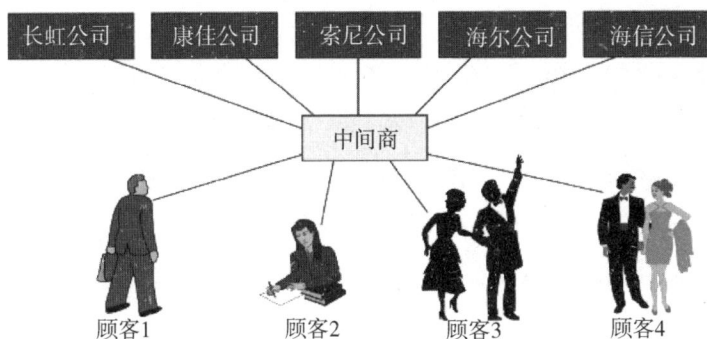

图 4-5 中间商

二、分销渠道的特征

由于顾客的需求随着商品、时间、地点的不同而经常发生变化，所以，营销渠道随着顾客需求的变化而发生变化。营销渠道能够促使产品或服务顺利地从制造商转移到消费者或工业用户，它具有以下几点特征。

（一）反映某一特定产品或服务价值实现的全过程

其起点是制造商，终点是最终消费者或工业用户。

（二）渠道是由一系列参加商品流通过程的、相互依存的、具有一定目标的各种类型的机构结合起来的网络体系

其组织成员包括制造商、批发商、零售商和消费者，以及一些支持营销的机构，如运输公司、独立仓库、银行和市场咨询研究机构、广告公司等。这些组织机构在营销渠道中的地位、作用各不相同，因为共同的利益而合作，也会因为利益不平衡和其他原因产生矛盾和冲突，因而需要协调和管理。

（三）分销渠道的核心业务是购销

商品在营销渠道中通过一次或多次购销活动转移所有权或使用权，流向消费者或工业用户。购销次数的多少，说明了营销渠道的层次和参与者的多少，表明了营销渠道的长短。

（四）分销渠道是一个多功能系统

它不仅要发挥调研、购销、融资、储运等多种职能，在适宜的地点，以适宜的价格、质量、数量提供产品和服务，满足目标市场需求，而且要通过营销渠道各个成员的共同努力，开拓市场，刺激需求，同时还要面对系统之外的竞争，自我调节与创新。

分销渠道的意义表现在它能够提高企业的工作效率，降低企业的交易成本。

分销渠道作用示意图

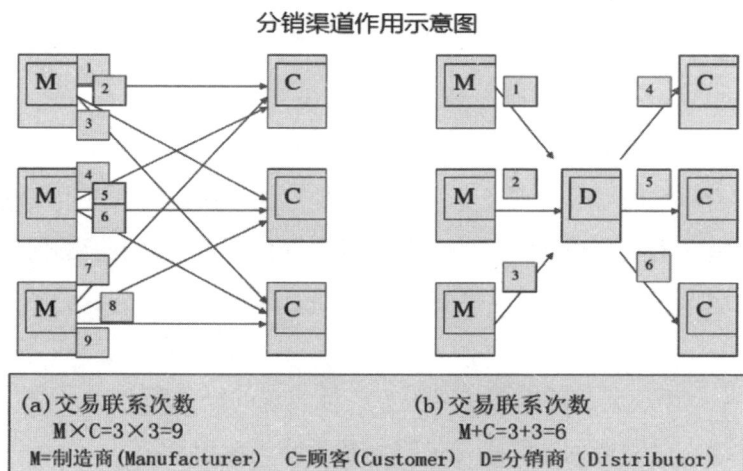

图 4-6　分销渠道作用示意图

三、分销渠道的模式

我国个人消费者与生产性团体用户消费的主要商品不同，消费目的与购买特点等具有差异性，客观上使我国企业的销售渠道构成两种基本模式：企业对生产性团体用户的销售渠道模式；企业对个人消费者的销售渠道模式。

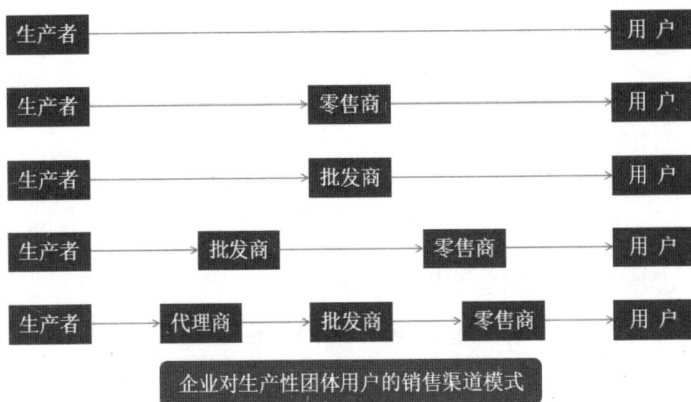

图 4 - 7　企业对生产性团体用户的销售渠道模式

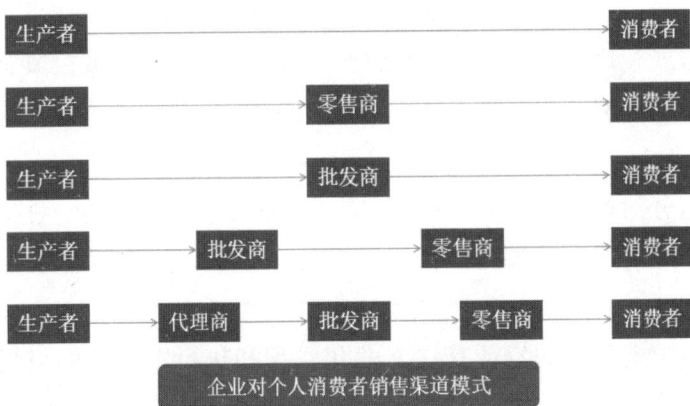

图 4 - 8　企业对个人消费者销售渠道模式

分销模式包括：传统分销渠道模式、垂直分销渠道模式、水平分销渠道模式、多渠道分销渠道模式。

（一）传统营销渠道

传统营销渠道主要是指在传统营销模式中，产品从研发生产到到达最终消费者手中所经过的渠道；与之相对的是现代营销渠道，包括以电子商务为主要模式的网络营销渠道、电视购物营销渠道等。传统营销渠道是建立在传统传播与交易工具的基础上的，类别包括：百货业态性质的商场、连锁渠道、经销商渠道、代理商渠道、展会、专卖店渠道等。经典模式为："生产商——总经销商——二级批发商——三级批发商——零售店——消费者"。

在市场竞争日益激烈的今天，传统渠道的竞争异常激烈，而且增长缓慢。企业若想不断扩大市场份额，取得市场营销的竞争优势，就必须重视现代市场营销模式的开发和研究。

以淘宝为代表的 B2C 电子商务营销渠道已经成为现代营销中的重要模式，此外，随着"微博经济"的日益兴起，多元化的、基于现代传播工具的营销模式正日益凸显出高效和不可或缺的地位。

（二）垂直分销系统

垂直分销系统是个高度统一、受营销企业控制的分销体系。通过投资、控股或契约关系，部分中间商作为营销主体的投资或控股企业，其他中间商通过契约关系如代理、加盟、特许与营销企业形成稳定的业务联系。

垂直分销系统是指由生产者、批发商和零售商组成的一种统一联合体，每个成员把自己视为分销系统中的一分子，关注整个垂直系统的成功。

垂直分销系统的特征是"专业化管理和执行中心的网络组织，事先规定了要达到的经营经济和最高市场效果"。它有利于控制渠道行为，消除渠道成员为追求各自利益而造成的冲突。能够通过其规模、谈判实力和重复服务的减少而获得效益。

垂直分销系统是一种由中央规划及管理的分销渠道，用以避免资源的重复投资，达到整个渠道的最大效率。垂直分销系统包括三种形式：统一式、契约式和管理式。

1. 统一式垂直分销模式

是指一家公司拥有和统一管理生产部门和销售部门，控制分销渠道的若干层次。当国际企业对分销系统欲施加高度的控制，在确定好各环节的渠道成员后，通过购买其股票以控股方式取得部分所有权、支配权，最终将整个分销系统融制造、批发、零售为一体。这种国际企业可使渠道全体成员为一共同的利益而尽心尽力。选择建立这种分销系统，需要国际企业拥有巨大的经济实力。

2. 契约式垂直分销模式

是以契约为基础的较为松散的联营关系。一般由不同层次的各自独立的生产商和分销商组成，以求获得比其独立行动时所能得到的更大的经济效益。在国际企业掌握某种产品的制造生产权力，确信以联合经营模式可以使双方获得比独立经营更多的收益后，对批发或零售商发放特许证，以此来建立分销系统。例如，福特汽车公司利用发放许可证的方式，让经销商经销福特汽车而建立的分销系统；可口可乐公司向位于不同地区的灌装厂发放许可证，并授予糖浆浓缩液，经过碳化处理、装瓶后再出售给零售商，从而建立起通往世界各地的分销系统。采用这种方式建立分销系统，取决于国际企业是否掌握有很大市场前景的生产制造生产权。

3. 管理式垂直分销模式

是由某一家规模大、实力强的企业出面组织的分销系统。国际企业利用自身所具有的规模、信誉或自己产品的品牌知名度来管理或协调其他渠道成员的行为。例如柯达（Kodak）和吉利（Gillette）等公司不仅可以对其所确定的各分销渠道成员的行为做出有效的协调，并且可以从经销商那里得到诸如产品陈列、提供最佳货架、主动采用各种促销手段和价格政策等各方面的积极合作。所以这种分销系统被许多企业认为是最理想的分销渠道形式。

（三）水平渠道系统

又称为共生型营销渠道关系，它是指由两个或两个以上的公司横向联合在一起，利用各自的资金、技术、运力、线路等优势共同开发新的营销机会的分销渠道系统。其特点是两家或两家以上的公司横向联合共同形成新的机构，发挥各自优势，实现分销系统有效、快速的运行，实际上是一种横向的联合经营，目的是通过联合发挥资源的协同作用或规避风险。

　　水平分销系统是由两个或两个以上的物流企业联合，由于这些公司或缺乏资本、或缺乏技能、或缺乏运力、或缺乏营运线路，无力独自进行市场开发和承担商业风险，或者发现与其他公司联合可以产生巨大的协同作用，公司间的联合可以是暂时性的，也可以是永久性的，也可以创立一个专门公司。例如，汽车运输公司与铁路运输部门、航空运输部门联合形成的网络系统；全球20家最大集装箱航运公司中的6家所组成的五大全球性班轮联盟；由中远集团和长航集团共同组成的上海集装船务有限公司，它的成立使长江中下游干线与上海始发的国际干线相连，为中远集团加强其在国际航运市场上的竞争力发挥了较大的作用。

　　（四）多渠道系统

　　是对同一或不同的细分市场，采用多条渠道的分销体系（是指一家公司建立两条以上的渠道进行分销活动。公司的每一种渠道都可以实现一定的销售额），大致有两种形式：一种是制造商通过两条以上的竞争性分销渠道销售同一商标的产品；另一种是制造商通过多条分销渠道销售不同商标的差异性产品。

　　多渠道系统为制造商提供了三方面利益：扩大产品的市场覆盖面、降低渠道成本、更好地适应顾客要求。但该系统也容易造成渠道之间的冲突。

实践活动

调查市场上主要空调厂商的分销渠道模式

【活动内容】

　　通过各种渠道收集关于市场上主要空调厂商的相关信息，并举例说明市场上主要空调厂商的渠道模式，从渠道所产生的效益分析其渠道模式应用的合理性。

【活动要求】

（1）建立活动小组。学生自行组建活动小组，小组成员以 3—5 人为宜，每个小组推选一位组长。

（2）网络搜索。利用课外时间，通过访问市场上主要空调厂商网站收集市场上主要空调厂商产品的信息，要求尽可能全面地分析市场上主要空调厂商的分销渠道。

（3）结果分享与互补。组内分享各自的搜索结果并相互补充。

（4）案例分析。各小组任选某一实例，分析市场上主要空调厂商的渠道模式，并分析该渠道模式所产生的市场效益。

（5）小组交流与互评。教师组织小组之间进行互评与交流。

案例分析

中国空调行业分销模式

美的采用"分销商主导分销模式"。美的公司在国内每个省几乎都设立了自己的分公司，在地市级城市建立了办事处，在每一个区域市场的美的分公司和办事处通过当地的批发商来管理零售商。美的这种渠道模式的形成与其较早介入空调行业及市场环境有关，利用这种模式可以从渠道融资，吸引经销商在淡季预付款以缓解资金压力，且在淡季时向制造商支付预付款较多的大经销商可以得到更多的优惠折扣。

海尔基本上在全国每个省都建立了自己的销售分公司——"海尔工贸公司"。海尔工贸公司直接向零售商供货，并提供相应支持，还将许多零售商改成了海尔专卖店。海尔也使用一些批发商，但是其分销网络的重点不是批发商，而是尽量直接与零售商建立一个属于自己的零售分销体系——"以零售商为主导的分销体系"。

格力已有 7000 家专卖店，遍及全国。格力凭借"厂商股份联合经营销售模式"，连续 14 年国内在同类行业中销售第一。格力公司在每个省和当地经销商合资建立销售公司，以格力为大股东。董事长由格力方出任，总经理由参股经销商共同推举产生。各经销商的利润来源不是批零差价，而是合资公司的利润分红。省级合资公司的毛利水平最高可达10% 以上。入股的经销商须为当地空调大户，且格力产品占其经营业务的 70% 以上。各地级市销商成立合资销售分公司，由这些合资分公司负责格力空调的销售工作。格力以统一价格对各区域销售公司发货，所有一级经销商必须从当地的销售公司进货，严禁跨区销售格力总部产品，价格划定一条标准线，各销售公司向下批发时结合当地实际情况"有节制地上下浮动"。

广东志高空调股份有限公司的前身只是一家空调维修商，从 1998 年开始生产空调，从零起步，三年时间迅速发展到 30 万台，远远超过行业平均发展水平，因此其分销渠道模式也受到关注，尤其是一些中小制造商，把志高"区域总代理制分销模式"作为他们效仿的对象。志高模式对经销商非常依赖，各省寻找一个非常有实力的经销商作为总代理，把全部销售工作委托给总代理商。这个总代理可以是一家公司，也可以由 2—3 家经销商联合组成，总代理可以发展多家批发商，也可直接向零售商供货。

【讨论】

（1）为什么这些企业选择了不同的分销渠道模式？

（2）这些渠道模式有什么共同点和不同点？

（3）如果你是中间商，你会选择哪一个品牌成为你的合作伙伴？为什么？

（资料来源：百度文库）

第二节　分销渠道策略设计

知识准备

分销渠道设计是指企业在分析渠道环境内部条件和外部因素的基础上，以顾客需求为导向，为实现分销目标对各种备选渠道结构进行评估和选择，从而开发出新的分销渠道或改进现有分销渠道的过程。

【资料链接】

长尾猴、斑马和狮子的故事

长尾猴和斑马一起合作狩猎。长尾猴爬得高、望得远，容易发现目标；斑马跑得快，能够及时捕获猎物。有一天斑马与长尾猴闹了别扭，于是愤愤不平地想，猴子这家伙太狡猾了，专门挑轻松的活干，却让我卖苦力。斑马离开了长尾猴去找狮子搭档，斑马认为他们可以一起奔跑，谁也不会偷懒。没想到有了收获以后，狮子把猎物分成了三份，对斑马说，因为我是万兽之王，所以要第一份；我帮你狩猎，所以我要第二份；如果你还不快逃走，第三份就会成为你丧命的原因。

选择和谁合作是一个关系到生死存亡的大问题，中间商的选择也是如此。

一、分销渠道设计原则

（一）客户导向原则

企业欲求发展，必须将市场客户的要求放在第一位，建立客户导向的经营思想。这需要通过周密细致的市场调查研究，不仅要提供符合消费者需求的产品，同时还必须使营销渠道为目标消费者的购买提供方便，满足消费者在购买时间、地点及售后服务上的需求。

（二）最大效率原则

企业选择合适的渠道模式，目的在于提高流通的效率，不断降低流通过程中的费用，使分销网络的各个阶段、各个环节、各个流程的费用合理化。这能够降低产品成本，取得市场竞争优势，并获得最大化的效益。

（三）发挥企业优势的原则

企业在选择分销渠道时，要注意发挥自己的特长，确保在市场竞争中的优势地位。现代市场经济的竞争早已是整个规划的综合性网络的整体竞争。企业依据自己的特长，选择合适的渠道网络模式，能够达到最佳的经济效应，收到良好的客户反应。同时企业也要注意通过发挥自身优势来保证渠道成员的合作，贯彻企业自身的战略方针与政策。

（四）合理分配利益原则

合理分配利益是渠道合作的关键，利益分配的不公常常是渠道成员矛盾冲突的根源。因此企业应该设置一整套合理的利益分配制度，根据渠道成员负担的职能、投入的资源和取得的成绩，合理分配渠道合作所带来的利益。

（五）协调及合作原则

渠道成员之间不可避免地存在着竞争，企业在建立、选择营销渠道模式时，要充分考虑竞争的强度。一方面鼓励渠道成员之间的有益竞争，另一方面要积极引导渠道成员的合作，协调其冲突，加强与渠道成员的沟通，努力使各渠道有序运行，实现既定的目标。

（六）覆盖适度的原则

企业在选择分销渠道模式时，仅仅考虑加快速度，降低费用是不够的，还应考虑及时准确送达的商品能不能销售出去，是否有足够的市场覆盖率以支持针对目标市场的销售任务。因此，不能只一味强调降低分销成本，这样可能会导致销售量下降，市场覆盖率不足。成本的降低应是规模效应和速度效应的结果，在营销渠道模式的选择中，也应避免扩张过度、分布范围过宽过广，以免造成沟通和服务的困难，导致无法控制和管理目标市场。

（七）稳定可控的原则

企业的分销渠道模式一经确定，便需花费相当大的人力、物力、财力去巩固，整个过程往往是复杂而缓慢的。所以，企业一般轻易不会更换渠道模式及成员。只有保持渠道的相对稳定，才能进一步提高渠道的效益。畅通有序、覆盖适度是分销渠道稳固的基础。

（八）控制平衡的原则

企业在选择、管理分销渠道时，不能只追求自身的效益最大化而忽略其他渠道成员的局部利益，应合理分配各个成员间的利益。

二、分销渠道设计流程

设计渠道一般包括分析服务产出水平、确定渠道目标和任务、确定渠道结构方案及评估主要渠道方案四个方面。

（一）分析服务产出水平

渠道服务产出水平是指渠道策略对顾客购买商品和服务问题的解决程度。影响渠道服务产出水平的因素有以下五项内容。

1. 购买批量，是指顾客每次购买商品的数量。

2. 等候时间，是指顾客在订货或现场决定购买后，一直到拿到货物的平均等待时间。

3. 便利程度，是指分销渠道为顾客购买商品提供的方便程度。

4. 选择范围，是指分销渠道提供给顾客的商品花色、品种、数量。

5. 售后服务，是指分销渠道为顾客提供的各种附加服务，包括信贷、送货、安装、维修等内容。

（二）确定渠道目标与任务

渠道设计的中心环节是确定达到目标市场的最佳途径。渠道目标应表述为企业预期达到的顾客服务水平（何时、何处、如何对目标顾客提供产品和实现服务）及中间商应执行的职能。无论是创建渠道，还是对原有渠道进行变更，设计者都必须将企业的渠道设计目标明确地列示出来。

企业的分销渠道目标是企业总体目标的一部分，分销渠道目标必须服务于企业的总体目标，并与总体目标保持一致。因此，在制订分销渠道目标时，除了考虑企业的总体目标和营销目标一致外，在同一目标市场内，还需使分销渠道目标与营销组合的其他目标保持一致。

表4-4　渠道目标与任务

推销	渠道支持	物流	产品修正与销售服务	风险承担
1. 新产品的市场推广 2. 现有产品的推广 3. 向最终端消费者促销 4. 建立零售展厅 5. 价格谈判与销售形成的确定	1. 市场调查 2. 区域性市场信息共享 3. 向顾客提供信息 4. 与最终消费者洽谈 5. 与经销商洽谈 6. 培训经销商的员工	1. 存货 2. 款与处理订单 3. 运输与配送产品 4. 与最终消费者进行信用交易 5. 向顾客报单 6. 仓储设施投资	1. 提供售后服务 2. 调整产品以满足顾客需求 3. 产品维护与修理 4. 处理退货 5. 处理取消订货	1. 存货融资 2. 向最终消费者提供信用 3. 产品市场价格变动

1. 分销渠道目标

（1）便利性目标

（2）经济利益目标

（3）客户支持度目标

（4）顾客服务目标

2. 分配分销渠道任务

（1）承担相应任务的意愿

（2）执行任务的质量

（3）与顾客的接触程度

（4）特定顾客的重要性

（三）确定渠道结构方案

有效的渠道设计应该以确定企业所要达到的市场为起点，没有任何一种渠道可以适应所有的企业、所有的产品，尽管是性质相近，甚至是同一种产品，有时也不得不采用迥然不同的分销渠道。

1. 影响渠道结构的主要因素

（1）市场因素

渠道设计深受市场特性的影响。

（2）产品因素

产品因素是影响渠道结构的十分重要的因素。

（3）企业因素

企业在选择分销渠道时，还要考虑企业自身的状况。

2. 设计渠道结构方案

明确了企业的渠道目标和影响因素后，企业就可以设计几种渠道方案以备选择。一个渠道选择方案包括三方面的要素：即渠道的长度策略、渠道的宽度策略和商业中介机构的类型。

（四）评估主要渠道方案

评估主要渠道方案的任务，是解决在那些看起来都可行的渠道结构方案中，选择出最能满足企业长期营销目标的渠道结构方案。因此，必须运用一定的标准对渠道进行全面评价。其中常用的有经济性、可控制性和适应性三方面的标准。

1. 经济性标准

每一种渠道方案都将产生不同水平的销售和成本。建立有效的分销渠道，企业必须考虑两个问题：一是在成本不变的情况下，采用哪种分销渠道会使销售额达到最高；二是在同一销售量的范围内，采用哪种分销渠道成本最低。

2. 控制性标准

由于中间商是独立的企业，有自己的利益追求，所以，使用中间商会增加企业渠道控制上的问题。由于产品的流通过程是企业营销过程的延续，从生产企业出发建立的分销渠道，如果生产企业不能对其运行有一定的主导和控制，分销渠道中的实物流、所有权流、付款流和信息流就不能顺畅有效地进行。相对而言，企业自己销售比利用中间商更有利于对渠道的控制。

3. 适应性标准

这主要是指企业要考虑分销渠道对未来环境变化的能动适应性，即考虑渠道的应变能力。不能有效变化的渠道是没有未来的，企业在与中间商签订长期合约时要慎重从事，因为在合约期内不能根据需要随时调整渠道，这会使渠道失去灵活性和适应性。所以，对企业来说，涉及长期承诺的渠道方案，只有在经济效益和控制力方面都十分优越的条件下，才可以考虑。

企业在设计分销渠道时并不是完全以自己的意志为转移的，而是往往会受到内部和外部多方面因素的影响。

影响企业分销渠道设计的内部因素主要有以下几个方面。

产品因素。产品性质、种类、档次、等级的不同，都会影响企业分销渠道的选择。一般来说，对于易腐烂或易变质的产品，如水果、蔬菜、熟食制品，为减少被耽搁和反复搬运装卸所造成的损失，通常要求企业直接销售或建立短的、层次少的分销渠道。笨重、体积大的产品适于短渠道，而体轻身小的产品可采取长渠道。对于价格低，完全标准化的产品，为降低销售成本，企业可选择多层次的营销渠道；反之，可选择直接营销渠道。对于技术含量高、有专门用途的产品，可由企业的销售代表直接销售，因为中间商缺乏必备的科学知识。

企业的财务及融资能力。这决定了企业可以自行承担哪些营销职能，哪些营销职能必须由中间商承担。企业的财力越雄厚，财务状况越良好，选择分销渠道的范围就越大，既可以将分销职能让于中间商，也可以自己建立和采用直销网络；反之，如果企业财务困难，选择渠道的余地就很小。

企业的规模与声誉。如果企业具有良好的声誉，企业就可以提升自己的品牌文化和品牌运作力，通过品牌来拉动渠道。这样，企业分销渠道设计的空间不仅大，设计也更为便利。

管理能力。有些企业虽然在生产方面具有超强的技术和能力，但缺乏市场营销的技术和经验，这就需要企业物色与自身情况相适应的中间商专门从事企业的营销业务。

企业对渠道控制的愿望。即便企业的财力雄厚、声望高，如果对产品市场的控制程度要求不高，就可以采用间接渠道营销；反之，可以采用直接渠道营销，或者选择较短的分销渠道。

影响企业分销渠道设计的外部因素从微观上看主要包括以下几点。

中间商因素。设计分销渠道时，还必须考虑不同类型的中间商在经营过程中的优劣，作为企业一定要解决好选择中间商的问题。例如，很多企业在选择中间商之前，会根据自己企业的特性拟订出选择的条件和标准，对竞标者逐个比较，然后根据企业的整体布局分别选定。

购买者因素。购买者的购买行为也影响着企业分销渠道的设计。如日常消费品，若消费者购买次数频繁，一般会选择就近购买，企业就可以利用批发商和零售商组成多层次的分销渠道，遍及城市各个角落。

竞争者因素。企业分销渠道的设计还会受到竞争者使用渠道的影响。有的企业可能会进入竞争者的分销渠道，与竞争者直接竞争，如当商场中同类产品都在一起展示时；有的企业可能会避开竞争者的分销渠道，另辟蹊径，如美国安利公司避开和同类产品进入商场竞争，选择了一条适合自己的直销渠道。

影响企业分销渠道设计的外部因素从宏观方面看主要包括国家政策法规、经济状况、技术水平、地理环境、交通运输条件、民族习惯等内容。例如，我国化肥、烟草的专卖政策，使得生产这些产品的企业必须按照专卖的程序选择分销渠道。

二、分销渠道策略

分销渠道布局就是直接把商品放在某个地方进行分销，而这个问题可以从分销地点的空间范围分布密度及相应的分销机构特征等不同角度来分析。渠道结构有四个维度。

（一）分销渠道的长度策略

分销渠道长度是指渠道层次的数量，即产品在渠道的流通过程中，经过多少中间环节、经过多少层的中间商参与其销售的全过程。中间环节是指同一产品的买卖方和实现转移商品所有权的机构和个人。商品在分销过程中所经过的环节越多，分销渠道就越长；反之，分销渠道就越短。一般来说，分销渠道的长度可以划分为五种基本类型：零层分销渠道、一层分销渠道、二层分销渠道、三层分销渠道和多层分销渠道。零层渠道称为短渠道，也称直接渠道；其他四种分销渠道称为长渠道，也称间接渠道。

1. 根据市场因素选择渠道长度

（1）目标市场范围

潜在的顾客数量越多，目标市场范围越大，越需要较多的中间商转售，则应选择长渠道；反之，则应选择短渠道或最短渠道。

（2）顾客的集中程度

顾客不集中或分布广，则应选择长渠道；反之，则应选择短渠道或最短渠道。如食品饮料与汽车。

（3）市场需求性质

消费者人数多，分布广，购买频率高，购买量小，则应选择长渠道；反之，则应选择短渠道或最短渠道。如消费品与生产资料，日常生活用品和特殊品。

（4）零售商规模与数量

零售商规模小，数量多，进货批量小，则应选择长渠道；反之，则应选择短渠道或最短渠道。

2. 根据商品因素选择渠道长度

（1）商品的理化属性

体积小，重量轻的商品，则应选择长渠道；反之，则应选择短渠道或最短渠道。如MP3播放器与大型成套设备。易损易腐的商品、危险品则应选择短渠道或最短渠道，或专用渠道。

（2）商品价格

商品的价格高低与渠道的长短成反比。价低应选择长渠道，价高则应选择短渠道或最短渠道。如日用品、一般选购品与工业品、耐用消费品、奢侈品。

（3）商品的时尚性

款式不易变化，时尚程度不高的商品，多选择长渠道；反之，则应选短渠道或最短渠道。

（4）商品的标准化程度

标准化程度高的商品，多选择长渠道；反之，则选择短渠道或最短渠道。如通用品和定制品。

（5）商品的技术性

技术通用性强，不需要特殊技术服务的商品，多选择长渠道；反之，则选择短渠道或最短渠道。如 U 盘与程序软件。

（6）商品的寿命周期

新商品初期，多选择最短渠道；商品进入成长期和成熟期，多选择长渠道；商品衰退期，多采用短渠道。

3. 根据生产者自身因素选择渠道长度

（1）生产者的实力

生产者在规模、声誉和财力上有限的，没有市场销售知识、经验和能力，没有相应的物流设施，只能依赖中间商，多选择长渠道；反之，则多选择短渠道或最短渠道。

（2）生产者的销售能力

生产者没有市场营销能力和经验，没有相应的物流设施，则多选择长渠道；反之，则多选择短渠道或最短渠道。

（3）生产者的服务能力

最终消费者需要生产者能够提供维修、安装、调试等很多服务项目。如果生产者的服务能力难以满足顾客需求，则多选长渠道；反之，则选短渠道或最短渠道。

（4）生产者的商品组合

生产者的商品组合深度和广度不大，不能满足多品种、多规格、小批量，则多选长渠道；反之，则选短渠道或最短渠道。

（5）生产者控制渠道的愿望

生产者因成本等因素，不希望控制分销渠道，则多选长渠道；反之，则多选短渠道或最短渠道。

4. 根据中间商因素选择渠道长度

（1）合作的可能性

中间商普遍不愿合作，则多选长渠道；反之，则多选短渠道。

（2）费用

利用中间商要支付费用，费用低则选长渠道；反之，则多选短渠道。

（3）中间商的服务能力

中间商能够提供较多的高质量服务，则多选长渠道；反之，则多选短渠道。

5. 根据环境因素选择渠道长度

（1）国家经济政策

国家控制或专卖的商品，则多选长渠道；反之，则多选短渠道。

（2）经济形式变化

经济景气、形势看好，则选择渠道长度的余地较大；如经济萧条、通货紧缩、市场疲软，则多选短渠道。

（3）国家法律规则

对外贸易法、反垄断法、税法、政府采购法都会对渠道程度的选择有影响。

（二）分销渠道的宽度策略

分销渠道的宽度根据每一层级使用同类型中间商的多少，一般可将分销渠道分为宽渠道和窄渠道两类。

分销渠道宽度是指在任一渠道层次上的竞争程度以及在市场领域中

的竞争密度。渠道的宽窄通常以渠道同一层次中的中间商数量、竞争程度及市场覆盖密度来划分。如果一种产品通过尽可能多的销售点供应给尽可能宽阔的市场，就是宽渠道，否则就是窄渠道。

实践活动

爱德华商场的渠道策略选择

【活动内容】

爱华商场召开中层以上管理人员会议，发言内容如下。

同志们：

我商场目前正面临一场严峻的挑战！第一，最近公安局已将我商场所处地段划为汽车禁行区，该措施推行后原来用汽车来进货的集团单位将不再露面。第二，半个月前，离商场约 600 米的另一条街上，一家经营高档商品为主的豪华商场开业抢夺了我们大量生意。第三，这半年来全市小商贩越来越活跃，已成为我商场原有市场的"蚕食者"。这次会议主要研究应变对策，现在请商场各部门主管谈谈意见。

模拟开始……

【活动要求】

（1）针对交通管制可采取哪些措施？

（2）针对竞争对手以经营高档商品为主的特点，该如何调整经营结构？

（3）针对小商小贩越来越活跃的情况，可采取哪些的策略？

案例分析

格力国美之争

谈到分销渠道不得不提格力、国美之争。2004 年 3 月 9 日，拥有150 家门店的家电专业连锁大卖场国美向全国各地国美分部下发了清理格力库存的通知,这引发了连续八年夺冠的空调老大——格力的抵制。3月10日,格力空调从成都国美家电卖场内全线撤柜。与此同时,格力电器珠海总部不排除格力空调从国美全国零售店全线撤柜的可能性。国美倾向于厂商与零售商之间点对点的直供模式,格力采用的是股份制区域性销售公司模式,两者因此引发的纷争,究其实质是两种迥异销售模式的博弈。纷争缘由起于2004年2月成都国美的一场促销活动。当时成都国美把一款原本零售价为1680元的1P挂机降为1000元,原本零售价为3650元的降为2650元。格力被卷入降价相当恼火,要求成都国美立即终止低价销售行为。开始成都国美并没有理会,仍旧继续低价销售这两款格力空调,直至格力二度致函成都国美,并正式停止供货为止。在格力看来,应该对所有的经销商、零售商一视同仁,应该互惠互利、厂商共赢,并认为这是合作的原则;而国美企图扰乱空调市场体系是双方在某些方面达不成共识的重要原因。在国美看来其原则是薄利多销;坚持厂商直接供货,而格力仍然坚持的经销代理制渠道中增加3%—4%成本不符合国美的低价策略。

【讨论】

(1)格力与国美之间是何种类型的渠道冲突?原因是什么?

(2)联系保洁与沃尔沃之间的合作关系,你认为解决此类型渠道冲突的措施有哪些?

(3)你如何看待目前格力空调重新回到国美销售,它们之间的渠道冲突解决了吗?

(资料来源:百度文库)

第四章 促销策略

按照目标市场消费者的需要提供合适的产品;根据目标市场消费者的购买力制定相应的产品价格;通过合适的渠道将产品送到目标市场;

最后要与目标市场消费者进行沟通即促销，将有关产品的信息传达给目标市场消费者，这是营销组合的四个要素。促销策略是营销活动的一个重要组成部分，它承担唤起和激发需求的功能。促销有人员推销、广告、营业推广等多种工具。这些工具有不同的特点和优势，在应用中要进行合理配合和协调。

第一节　促销与促销策略

知识准备

一、促销概念及其作用

（一）促销的概念

促销是指企业通过人员推销或非人员推销的方式，向目标顾客传递商品或劳务的信息，帮助消费者认识商品或劳务所带给购买者的利益，从而引起消费者的兴趣，激发消费者的购买欲望及购买行为的活动。理解促销的含义，要注意以下几点。

1. 促销的对象是目标消费者及对目标消费者的消费行为具有影响的群体。

2. 促销的主要任务是传递有关组织（如企业）的行为、理念、形象以及组织提供的产品和服务的信息。

3. 促销的目的是引起消费者的注意与兴趣，激发其购买欲望，促成其购买行为。

4. 促销的手段是宣传与说服，即宣传产品或服务知识，说服消费者购买。

5. 促销的方式分为人员推销和非人员推销两大类，其中非人员推销又包括广告、公共关系与宣传和营业推广等非人际沟通方式；人员推销是通过销售人员与消费者（顾客）直接交流，从而说服顾客采取购买行为的人际沟通方式。

试一试

请试着列举出生活中你所遇到的促销现象。

（二）促销的作用

1. 传递信息，沟通情报

企业通过调查研究掌握市场需求的信息，通过促销将企业的信息传达给消费者，促销活动可以使顾客知道企业生产什么、经营什么、产品有什么特点、到哪里购买等信息，从而引起顾客的注意，产生购买欲望。而顾客的信息反馈则可以使生产者改进产品以适应消费者的需求。

2. 诱导消费，创造需求

企业通过广告宣传、人员推销、营业推广和公共关系等形式，展示、介绍有关的商品，并以说服和激励的方法诱导需求和激发需求，从而增加产品需求量。

3. 突出产品特点，提高竞争能力

随着市场竞争的日趋激烈，各企业同类产品的差别越来越小。要想吸引消费者够买自己的产品，必须利用促销先发制人，扩大品牌知名度，增强顾客的购买欲望和本产品的品牌忠诚度，使自己的产品处于竞争的有利地位。

4. 强化企业形象，巩固市场地位

由于市场竞争加剧，一些商品的销售会出现不稳定的波动。通过促销活动，可以树立本企业及产品形象，提高原有消费者的信任感，从而培养和提高消费者对产品的"品牌忠诚度"；还可以改变一些顾客的某些顾虑和观望态度，培养其对产品的兴趣，从而稳定及扩大销售。

【资料链接】

黄金周促销活动

黄金周的促销活动让人觉得新颖并具有巨大的吸引力，除了在商场内外建立更多推广渠道、为商场本身引进更多客流量外，还要在促销期间建立更完善的备货和配送机制，以增加消费者良好的购物体验，吸引回头客，增强消费者之间的口碑传递，促进现有商品的快速销售，加快资金回笼，保证货品及时更新。快速提升商场的流量，提高商场的人气，扩大商场的知名度，培养消费群，可以更好地维持促销结束后一段时间内客户流量的持续长期稳定。格力电器重视节假日促销策略的制订，他们不仅努力开发试销对路的产品，制定具有竞争力的价格和选择合理的分销渠道，而且还及时有效地将产品或劳务的信息传送给目标顾客，在生产者、经销商和消费者之间保持融洽沟通，激发客户的兴趣和购买欲望，进而满足其需要，促使其实现购买行为。

二、促销组合与促销策略

（一）促销组合的含义

促销组合是指履行营销沟通过程的各个要素的选择、搭配及其运用。促销组合的主要要素包括人员推销、广告、营业推广及公共关系四种。

1. 人员推销

人员推销是企业运用推销人员直接向顾客推销商品和劳务的一种促销活动。推销人员深入中间商或消费者、用户，通过直接推荐、介绍，促使顾客购买。

2. 广告

广告主以促进销售为目的，付出一定的费用，通过特定的媒体传播商品或服务等有关经济信息的大众传播活动。企业通过支付费用，利用一定的传播媒体，向受众传递有关信息，以引导其行为。

3. 营业推广

营业推广是指企业运用各种短期诱因鼓励消费者和中间商购买、经销或代理企业产品或服务的促销活动。它是能够迅速见效的鼓励性措施，追求立竿见影、产生轰动效应。

4. 公共关系

公共关系是指企业在从事市场营销活动中正确处理企业与社会公众的关系，以便树立企业的良好形象，从而促进产品销售的一种活动。它帮助企业与公众沟通、协调关系，化解矛盾，争取理解和支持。

上述促销的各种方式有其优缺点，如表4－5所示。

表4－5　各种促销方式优缺点对比表

促销方式	优点	缺点
人员推销	直接沟通信息、反馈及时，可当面促成交易	占用人员多，费用高，接触面窄
广告	触及面广、形象生动、节省人力、能多次运用，加深印象	说服力较小，难以促成即时的购买行为
营业推广	强烈的吸引力和诱惑力立即促成购买行为，收到立竿见影的功效	促销措施不轰动，效果不显著，运用不当又会引起顾客的怀疑
公关关系	影响面广，容易得到消费者信任，有利于提高企业及产品知名度	花费力量较大，效果难以控制。很难产生立竿见影的效果

三、制定促销策略需要考虑的因素

促销策略的制订与运用，必须综合考虑以下因素。

（一）产品性质

不同性质的产品，市场需求特点不同，因此所采用的促销策略亦应不同。一般而言，生活资料比生产资料更多地采用广告促销，而生产资料则比生活资料更多地采用人员推销的方式。工业品与消费品经常采用不同促销组合，如图4-9所示。

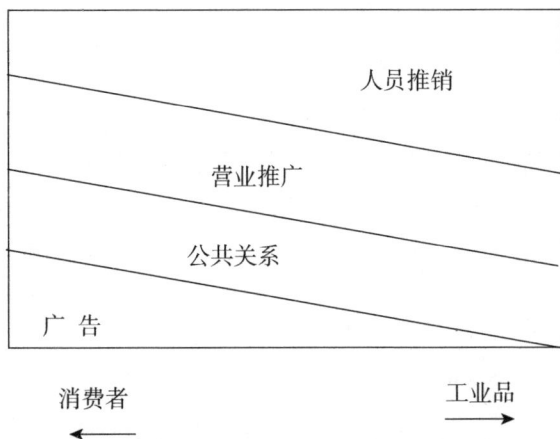

图4-9　工业品和消费品的不同促销组合

（二）产品生命周期

在产品生命周期的不同阶段，市场销售态势不同，促销的目标也不同，因此必须相应地选择、配编不同的促销组合。

（三）市场性质

市场形成的过程中受到环境的影响，其市场性质是有明显区别的，不同的市场性质同时又决定了企业所应该采用的营销组合策略。一般来说，消费市场潜在的顾客较多，比较分散，广告策略使用得较多；而工业品市场客户相对较集中，潜在顾客的量也较少，因此，人员推销策略使用较普遍。

（四）促销费用

各种促销方法所需费用多少不同，为提高促销效益，应力求以促销费用尽可能少且促销效果尽可能好的方式去促销。这就要求企业在制定促销策略时，应根据促销目标，对企业的财力状况、各种促销方式的费用、可能提供的经济效益及竞争者的促销预算等多方面因素进行全面权衡，选择出适宜的促销方案。

四、促销组合策略

根据促销信息流动的方向，可以将促销方式分为推式策略和拉式策略。

（一）推式策略（从上而下式策略）

推式策略中以人员推销为主，辅之以中间商销售促进，兼顾消费者的销售促进。把商品推向市场的促销策略，其目的是说服中间商与消费者购买企业产品，并层层渗透，最后到达消费者手中。推式策略如图4－10所示：

| 生产者 | ➡ | 批发商 | ➡ | 零售商 | ➡ | 消费者 |

图 4－10　"推式策略"示意图

由图4－10可以得知，推式策略的操作程序是生产者竭力向批发商推销，批发商竭力向零售商推销，零售商竭力向消费者推销，最终达到消费者购买本企业产品的目的。

（二）拉式策略（从下而上式策略）

拉式策略主要是通过广告促销来吸引消费者。通过创意新、高投入、大规模的广告宣传，可直接诱发消费者的购买欲望，由消费者向零售商，零售商向批发商，批发商向制造商求购，由下至上，层层拉动购买。拉式策略如图4－11所示：

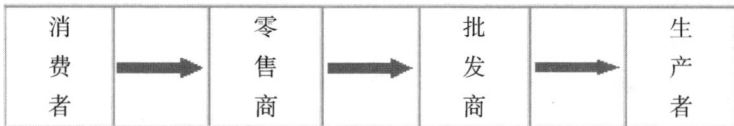

| 消费者 | ➡ | 零售商 | ➡ | 批发商 | ➡ | 生产者 |

图 4－11　"拉式策略"示意图

企业采取"推"的策略，以人员促销和中间商促进为主；采取"拉"的策略，则以公关促销、广告促销和消费者促进为主。

想一想

企业销售食品、家用电器、机器设备等商品时，宜采用推式策略还是拉式策略？

实践活动

探究超市促销方式的运用

【活动内容】

选择当地一家大型超市，探究不同商品促销方式的运用情况，并将不同促销方式带来的效果填写在运用情况表格中（表4-6）。

【活动要求】

(1) 各小组实地了解该超市中针对不同商品在促销方式上的运用情况。

(2) 将不同促销方式带来的效果填写在"各种促销方式的运用情况列表"中。

表4-6 各种促销方式的运用情况列表

促销商品	促销方式	促销技巧	促销效果

案例分析

娃哈哈果奶的成功推广

20世纪90年代初，电视还没有普及家庭中，媒体以报纸为主。娃哈哈为推广果奶在报纸上登了一条广告，消费者可以凭广告剪角换一瓶果奶。1991年，很多人的工资每月只有60—70元，而果奶一瓶要卖到

0.8元，因此，很多人都用广告去换。凌晨4点钟就有人在兑换点门口排队，到了7点钟就需要杭州市公安局帮助维持秩序。这个策划非常成功，消费者参与进来，引起了很大的轰动。娃哈哈在轰动之下，马上开始招商，在第二个报纸上登广告。很多经销商都愿意做这个产品，于是，娃哈哈果奶利用报纸广告一炮走红。

【试析】

娃哈哈果奶的成功之处及其原因有哪些？

（资料来源：世界经纪人论坛）

第二节　人员推销

知识准备

一、人员推销的特点

人员推销就是指企业通过派出推销人员与一个或一个以上可能成为购买者的人交谈，做口头陈述，以推销商品，促进和扩大销售。

人员推销作为一种不可取代、应用广泛、历史悠久的销售手段，具有自身的独特性。

（一）针对性强

与广告相比，人员推销具有针对性强的特点。它是通过推销人员与消费者的直接接触，将目标顾客从消费者中分离出来，能可靠地发掘推销对象，把推销努力集中于目标顾客身上，避免了许多无效劳动。

（二）灵活性强

推销人员与顾客保持直接联系，可以根据各类顾客的愿望、需求、动机等，及时获知顾客反应，调整推销策略，解答顾客疑虑，使顾客产生信任感。

186

（三）双向沟通

销售人员在与顾客的直接接触中，一方面能将企业和产品的有关信息及时、准确地传递给顾客，另一方面又可以听到顾客的意见和要求，并迅速反馈给企业，以指导企业经营，使产品更符合消费者的需求。因此，人员推销有利于企业了解市场，提高企业决策水平。

（四）消费指导

人员推销可以给消费者提供现场的消费指导，这是其他促销组合要素所没有的特点。人员推销中，销售人员直接面对面地向顾客提供咨询和技术服务，可当面向顾客展示产品的特点，演示产品的使用方法，解答顾客的疑虑。

（五）亲和力强

作为人际沟通工具，人员推销通过面对面的人际交往，易于联络与顾客的感情，建立友谊，争取长期买主。推销人员与顾客的直接交往，有利于买卖双方的沟通、信任和理解，促使单纯的买卖关系发展成为友好合作关系，可为长期交易打下坚实的基础。

【资料链接】

推销的 3H1F

推销是由三个 H 和一个 F 组成的，第一个 H 是"头"（Head），推销人员需要有学者的头脑，必须深入了解顾客的生活形态、价值观及购买动机等，否则就不能成为推销高手；第二个 H 代表"心"（Heart），推销人员要有艺术家的心，对事物要有敏锐的洞察力，能经常对事物感到一种惊奇和感动；第三个 H 代表"手"（Hand），推销人员要有技术员的手，推销员是业务工程师，对于自己推销产品的构造、品质、性能、制造工艺等，必须具有充分的知识；"F"代表"脚"（Foot），推销人员要有劳动者的脚，不管何时何地，只要有顾客、有购买力，推销员就要不辞劳苦。

因此，具有"学者的头脑""艺术家的心""技术员的手""劳动者的脚"是一个推销人员的基本条件。

二、人员推销的任务

人员推销是由销售人员进行的，但若把销售人员的任务仅仅看成是推销商品则未免过于简单化。作为消费者和企业之间相互联系的纽带，企业销售人员肩负着多方面的责任，其主要任务有以下几点。

（一）寻找客户

与现有客户保持密切联系，这仅仅是推销人员所承担任务的一个方面。销售人员最重要的任务是寻找潜在顾客，开拓新市场。

（二）传递信息

通过与现实的和潜在的顾客交往，将有关产品的特点、性能、价格等信息传递给顾客，以促进产品销售；同时收集和反馈有关竞争产品和消费行为的信息。

（三）销售商品

通过与顾客直接联系，运用推销艺术，解除顾客的疑虑，说服顾客购买，促成交易的实现。

（四）提供服务

销售产品不是人员推销的终点。人员推销过程中，不仅要把产品销售给顾客，而且要在产品销售的同时，为顾客提供咨询、技术、信息、维修等多种售前、售后、售中服务，帮助顾客解决困难，满足顾客需求。

想一想

销售人员说："我只要把商品卖出去就可以了。"你同意他的观点吗？

188

三、几种常用的推销策略

推销人员在推销的过程中，常用的推销策略有以下三种。

（一）刺激反应策略

刺激反应策略是指主要通过推销人员的"劝讲"来刺激顾客反应的策略。其做法是：推销人员在不了解顾客需要的情况下，事先准备好几套介绍方法；在访问时，推销人员先讲（刺激），看顾客的反应；再讲，继续看顾客的反应，通过运用一系列的刺激方法来引起顾客的购买行为。这一策略主要适用于推销日用品。

（二）"爱达"（AIDA）公式策略

"爱达"公式策略是指主要通过推销人员的说服工作，设法使顾客经历：引起注意（Attention）、产生兴趣（Interest）、激起购买欲望（Desire）、采取购买行为（Action）这几个阶段，逐步引导顾客走向购买的一种策略。

（三）需要满足策略

在这种方法中，推销人员先要设法准确地发现和唤起顾客的需要，然后说明所推销的产品如何能满足其需要，促使顾客接受所推销的产品。这是一种创造性推销策略，要求推销人员具有较高的推销技巧，才能使顾客感到销售人员了解他们的需求，并且是他们购买决策的好参谋。

四、人员推销的工作步骤

一般来说，推销人员为实现推销商品的任务和目标，遵循一定的步骤可以大大提高推销商品的工作效率。人员推销的工作步骤如图 4 - 12 所示。

（一）寻找顾客

在推销活动中，推销人员是以寻找顾客推销产品作为目标而开展一系列活动的。寻找顾客的目标是找到准顾客，准顾客是指既可以受益于

```
┌─────────┐      ┌─────────┐      ┌─────────┐      ┌─────────┐
│ 寻找客户 │ ==> │ 事前准备 │ ==> │ 约见顾客 │ ==> │ 洽谈沟通 │
└─────────┘      └─────────┘      └─────────┘      │  客户   │
                                                    └─────────┘
                                                         ‖
                                                         ⇓
                 ┌─────────┐      ┌─────────┐
                 │ 寻找客户 │ <== │ 达成交易 │
                 └─────────┘      └─────────┘
```

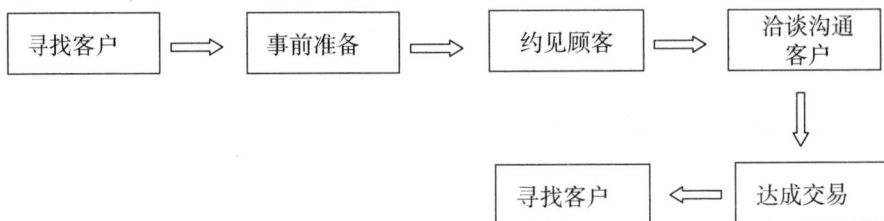

图 4 – 12　人员推销的工作步骤流程

某种推销的商品，又有能力购买这种商品的个人或组织。寻找顾客的办法有很多种，如地毯式访问法、连锁介绍法、中心开花法、个人观察法、广告开拓法、市场咨询法、资料查阅法等。

（二）事前准备

推销准备是至关重要的，它的好坏直接影响到推销活动的成败。一般来说，推销准备主要包括三个方面：一是推销人员自我准备；二是推销员充分认识推销的产品；三是对顾客做好应有的准备。

（三）约见顾客

约见顾客是指推销人员事先征得顾客同意接见的行动过程。通常约见顾客的方式包括：电话约见法、信函约见法、访问约见法等。

（四）洽谈沟通

面谈是整个推销过程的关键环节。在面谈中顾客往往会提出各种各样的购买异议，推销人员要善于解决这些异议，说服顾客。这些异议包括以下内容。

1. 需求异议

顾客自以为不需要推销的商品。

2. 财力异议

顾客自以为无钱购买推销品。

3. 权利异议

决策权利异议，指顾客自以为无权购买推销品。

4. 产品异议

指顾客自以为不应该购买此种推销品。

5. 价格异议

指顾客自以为推销品价格过高。

（五）达成交易

建议成交是整个推销中的关键时刻，掌握建议成交的时机是一种艺术，要把握好这个分寸。

（六）售后服务

服务是一个非常重要的环节，很大程度上影响着顾客的购买决策。因此，无论是推销产品之前、推销过程中，还是商品出售之后，都应注意为顾客提供所需的服务。

想一想

有人说："真正的销售是在售后。"你同意这句话吗？为什么？

实践活动

模拟推销

【活动内容】

教师给出十种日常生活中常见的商品供学生选择，两个人一组，一位学生扮演推销人员，另一位学生则扮演顾客，进行现场模拟推销。

【活动要求】

（1）两人一组，自由组合。一人扮演推销人员，一人扮演消费者。

（2）拟购买情境，分析消费者心理，激发顾客的购买欲望和购买需求。

（3）明确处理特定情境下的客户关系。

案例分析

出奇制胜的推销

美国雷顿公司总裁金姆曾当过推销员。在一次订货会上，规定每人有十分钟登台推销的时间。金姆先将一只小猴装在用布蒙住的笼子里带进会场，轮到他上台时，他将小猴带上讲台，让它坐在自己肩膀上，任其跳蹿，一时间场内混乱不堪。不一会，他收起小猴，场内恢复平静，金姆只说了一句话："我是来推销'白索登'牙膏的，谢谢！"说完便飘然离去，结果他的产品风靡全美。

【讨论】

金姆采用了哪种别出心裁、别具一格的推销方法？为什么短短一句话却给人留下了极其深刻的印象？

（资料来源：百度文库）

第三节　广　告

知识准备

广告是一种最重要的非人际沟通工具之一，广告方案是根据企业确定的目标市场和产品的市场定位来制订的。在广告管理活动中，企业营销人员首先要根据营销目标和营销战略确定广告目标，然后确定实现这一目标需要的费用，接下来是进行广告信息的设计和信息传播媒体的选择，最后要对广告效果进行衡量。

一、广告的含义与作用

广告是由明确的发起者以付费的方式，通过各种媒体对观念、产品或服务进行的非人员形式的促销。

广告对经济社会具有广泛的影响和作用。从企业市场营销的角度看，广告具有下述重要作用。

（一）介绍产品，指导消费

传递信息、刺激需求是广告最基本的职能。企业通过实事求是的广告宣传，能增进消费者对有关产品的存在、优点、用途及使用方法等多种信息的了解，协助消费者通过所接受的信息去选择适合自己需要的产品并产生购买欲望、采取购买行为。

（二）扩大销售，促进生产

广告是进行市场渗透的有力武器。企业要发展壮大，就需要努力扩大市场，拓展产品销路。由于广告能广泛、经常地接近消费者，因而能在扩大销售方面起到开路先锋的作用。广告是沟通产销联系的纽带。由广告促进需求的扩大，由需求带动生产的发展。

（三）树立形象，有利竞争

广告是树立企业与品牌形象的重要途径。企业品牌和产品品牌是消费者购买产品时进行选择的重要依据，企业和品牌形象的好坏，直接关系着企业产品的销售，对企业市场竞争地位产生着重要影响。通过精心设计的广告，宣传企业的产品、企业的价值观与企业文化，能使企业形象深入消费者心中，有利于提高企业及企业产品的社会知名度，保持企业在市场竞争中的优势地位。

二、广告信息

广告信息的内容和表达形式，主要取决于产品的特点、产品传达的利益、广告目标、广告信息的受众。广告信息包括主题、文案、画面。

（一）主题

所谓广告主题即广告的中心思想，它为广告的创作设计确定了基调。主题设计的实质是要在众多可以反映企业和产品特点及可以激发消费者购买欲望的众多因素中，选择出某些足以实现广告目的的因素来予以表现。

（二）文案

广告文案是在确定的广告目的和主题之下，对如何表达广告主题的形式、语气、用语及版式等具体方面所进行的文字描述，是对广告信息的具体表现形式。

广告文案一般至少包括以下三个方面内容。

1. 广告标题

广告标题即出现在广告开头，用以对广告的内容加以提示并吸引消费者注意的醒目语句。

2. 广告正文

广告正文即具体表现广告内容的各种文字材料。广告正文可以是说明文、对话、诗歌、小品等各种体裁和形式的文字。

3. 广告口号

广告口号即对企业或产品特征进行高度概括的标志性短语，也称广告语，如雀巢咖啡广告中的"味道好极了"，海尔冰箱广告中的"真诚到永远"等。广告口号不同于广告标题，广告口号是企业或产品的一种标志，无论广告内容如何变化，口号一般不变；而广告标题只是广告内容的提示，可随广告内容的变化而变化。

【资料链接】

世界经典广告语

雀巢咖啡：味道好极了

这是人们最熟悉的一句广告语，也是人们最喜欢的广告语。简单而又意味深远。

M&M 巧克力：只溶在口，不溶在手

这是著名广告大师伯恩巴克的灵感之作，堪称经典，流传至今。它既反映了 M&M 巧克力糖衣包装的独特 USP，又暗示 M&M 巧克力味好，以至于我们不愿意使巧克力在手上停留片刻。

百事可乐：新一代的选择

在与可口可乐的竞争中，百事可乐终于找到突破口，他们从年轻人身上发现了市场，将自己定位为新生代的可乐，邀请新生代喜欢的超级歌星作为自己的品牌代言人，终于赢得了青年人的青睐。

耐克：just do it

耐克通过以 just do it 为主题的系列广告和篮球明显乔丹的明星效应，迅速成为体育用品的第一品牌。

4. 画面设计

广告画面是用来配合文字对广告主题和内容进行形象化表现的方式，它是用图画、影像、色彩及版面布局等形象化的视觉语言来对广告的主题和内容加以表现的。

三、广告媒体与选择

（一）广告媒体的类型和特点

广告媒体即传递广告信息的载体。广告媒体繁多，可分为大众传播媒体和企业自办媒体两大类。大众传播媒体包括报纸、杂志、广播、电视四种，是广告信息传递的主要工具，被称为"四大广告媒体"。企业自办媒体是企业自己制作的广告媒体，主要类型如图 4-13 所示。

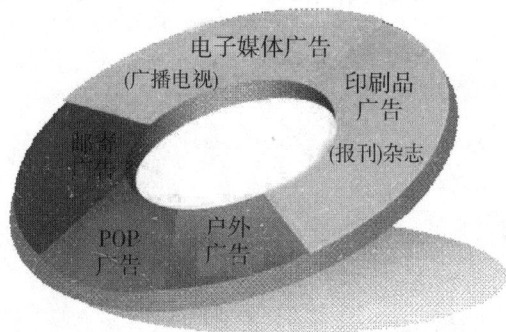

图 4-13　企业自办媒体的种类

（二）四大广告媒体的比较及适用范围如表4-7所示。

表4-7　四大广告媒体的比较及适用范围

四大媒体	优越性	局限性	适用范围
报刊	读者多、费用低；传播迅速、简便灵活、制作方便	单调呆板、表现力差；接触时间短、登载内容多、易分散对广告的注意力	房地产、汽车、企业形象、促销信息、旅游等
杂志	专业性强、针对性强、印制精美、吸引力强、便于保存	发行周期长、广告时效性差、专业性强的杂志读者接触面窄	服装、音响、汽车、手表、珠宝等
广播	制作简便、传播快、覆盖面广、通俗易懂	有声无形、没有视觉刺激、转瞬即逝、难以记忆存查	生活用品、医疗医药等
电视	形象生动逼真、感染力强、收视率高、表现手法多样	费用高、编导制作复杂	品牌商品、企业形象等

四、广告媒体的选择因素

（一）产品因素

如果是技术性复杂的机械产品，宜用样本广告，它可以较详细地说明产品性能，或用实物表演，增加用户实感；一般消费品可用视听广告媒体。

（二）消费者媒体习惯

如针对工程技术人员的广告，应选择专业杂志为媒体；推销玩具和化妆品等最好的媒体是电视。

（三）销售范围

广告宣传的范围要和商品推销的范围一致。

（四）广告媒体的知名度和影响力

它包括发行量、信誉、频率和散布地区等。

（五）广告主的经济承受能力

五、广告效果的评估

广告效果的评估就是指运用科学的方法来鉴定所做广告的效益。广告效益包括三方面：一是广告的经济效益，指广告促进商品或服务销售的程度和企业的产值、利税等经济指标增长的程度；二是广告的心理效益，指消费者对所做广告的心理认同程度和购买意向，购买频率；三是广告的社会效益，指广告是否符合社会公德，是否寓教于销。

试一试

如果你是某公司产品宣传部的工作人员，你该如何为公司产品进行广告设计呢？

实践活动

收集不同商品的广告内容

【活动内容】

各学习小组调查收集各种商品的广告促销活动，同时做好详细记录。

【活动要求】

（1）对收集的信息进行整理。

（2）根据调查结果进行归纳总结，指出不同广告类型在宣传促销时适应的范围以及诉求的重点。

（3）小组派出学生代表将讨论的结果进行汇报展示。

案例分析

白加黑——治疗感冒，黑白分明

1995 年，"白加黑"上市仅 180 天销售额就突破了 1.6 亿元，在拥挤的感冒药市场上分割了 15% 的份额，登上了行业第二品牌的地位，在中国营销传播史上，堪称奇迹。这一现象被称为"白加黑"震撼，在营销界产生了强烈的冲击。

一般而言，在同质化市场中，很难发掘出"独特的销售主张"（USP）。感冒药市场同类药品甚多，层出不穷，市场已呈高度同质化状态，而且无论中、西成药，都难于做出实质性的突破。康泰克、丽珠、三九等"大腕"凭借着强大的广告攻势，才各自占领一块地盘，而盖天力这家实力并不十分雄厚的药厂，竟在短短半年里就后来居上，关键在于其崭新的产品概念。

"白加黑"是个了不起的创意。它看似简单，只是把感冒药分成白片和黑片，并把感冒药中的镇静剂"扑尔敏"放在黑片中，其他什么也没做。但实际上并不简单，它不仅在品牌的外观上与竞争品牌形成很大的差别，更重要的是它与消费者的生活形态相符合，达到了引发联想的强烈传播效果。

在广告公司的协助下，"白加黑"确定了干脆简练的广告口号："治疗感冒，黑白分明"，所有的广告传播的核心信息是"白天服白片，不瞌睡；晚上服黑片，睡得香"。产品名称和广告信息都在清晰地传达产品的概念。

【讨论】

（1）广告中强调"白加黑"是想突出表达一种怎样的概念？

（2）你认为"白加黑"广告有什么独到之处？

（资料来源：经典广告营销成功案例）

第四节　公共关系

知识准备

公共关系是促销组合的重要因素之一，其重要任务是通过媒体上获得免费报道，以促进企业产品形象的建立，同时间接地促进产品的销售。

一、公共关系的概念

公共关系是指某一组织为改善与社会公众的关系，促进公众对组织的认识、理解及支持，达到树立良好组织形象、促进销售目的而开展的一系列促销活动。它的本意是工商企业必须与其周围的各种机构、单位的内部、外部公众建立良好的关系。它是一种状态，任何一个企业或个人都处于某种公共关系状态之中；它又是一种活动，当一个工商企业或个人有意识、自觉地采取措施取改变自己的公共关系状态时，就是在从事公共关系活动。

二、公共关系的作用

公共关系既是营销促销组合的组成因素，同时又是企业公共关系的一个组成部分。它在促销中有如下作用。

（一）树立企业形象

企业可以通过宣传，树立与产品特点关联的企业形象，从而对产品销售发挥间接和长远的作用。

（二）建立和维持消费兴趣

企业可以通过宣传某种消费观念，促进消费者对某类产品的消费兴趣的建立和维持，如"红桃K的脱贫工程"，教育消费者消除贫血对于一个民族的健康的重要性。

（三）危机处理

产品在生产、销售过程中出现了不利于企业和产品形象的问题，应及时通过营销公共关系来处理和挽救。

（四）新产品的市场开拓

新产品上市可利用宣传与其他营销沟通工具的配合，促进产品的销售。

想一想

广告与公共关系有什么不同？

三、公共关系的优点

与其他促销工具相比，宣传具有以下优势。

（一）高度可信

新闻报道是由记者撰写的。记者站在第三者的角度，充当了公正的形象，代表了企业外部公众的看法和利益，消费者认为其有高度的客观性并对其有信赖感。在消费者看来，新闻报道真实客观，广告则自吹自擂。

（二）没有防御

消费者对广告和人员推销的沟通往往采取防御而不予理睬，甚至反感，但对新闻宣传则没有这种戒备心理，因此，宣传作为一种营销沟通方式比较容易为消费者所接受。

（三）戏剧化表现

公共关系和广告一样，能够生动、戏剧性地把产品呈现给消费者，从而引起消费者的关注。

（四）成本低

公共关系的成本比广告等营销沟通工具的成本要低，企业不需要花钱购买昂贵的媒体版面或时段，虽然其他费用不少，但是比起广告发布费用要低得多。

（五）能够快速建立知名度

通过媒体报道，生动地陈述有关产品和企业的传奇情节，可以引起社会公众的广泛关注，从而迅速打开产品的知名度。

四、公共关系的实施步骤

在实施中，不同的企业其实施的步骤有所不同，常见的实施步骤如图 4 - 14 所示。

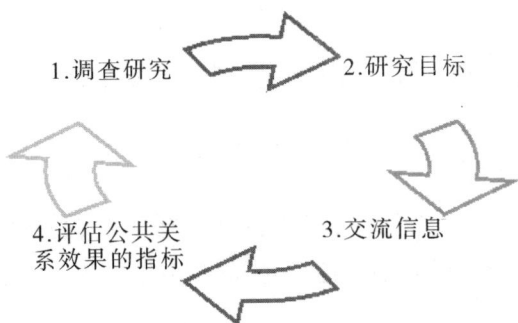

图4－14　公共关系实施的步骤

（一）调查研究

企业通过调研，一方面了解企业实施政策的有关公众的意见和反映，反馈给高层管理者，促使企业决策者有的放矢；另一方面，将企业领导者意图及企业决策传递给公众，使公众加强对企业的认识。

（二）确定目标

一般说来，企业公关目标是促使公众了解企业形象，改变公众对企业的态度。具体地说，公关目标是通过企业传播信息，转变公众态度，即唤起企业需求。

（三）交流信息

企业通过大众传播媒体及交流信息的方式传播信息。可见，公关过程就是信息交流过程。

（四）评估公共关系结果

评价的指标可以包括曝光频率、反响等。

五、常用的工具

（一）新闻发布

宣传人员要不断开发或挖掘有利于企业形象或产品形象的积极新闻，积极争取媒体录用新闻稿，选用适当的时机召开新闻发布会和记者招待会。

（二）公益活动

向某些公益事业捐助，支持其发展，借此来提高企业在公众中的信誉。

（三）公开出版物

企业可以通过各种宣传资料与目标市场消费者及其他公众进行沟通。这些资料包括企业的宣传册子、企业报纸、年度报告、商业信件、期刊等。

（四）企业广告

通过企业广告，企业可树立组织形象，提高组织的声誉，融洽组织与社会公众的关系，增进公众对企业的支持。

实践活动

策划××公司主题公关活动

【活动内容】

通过分析××公司的运营环境和经营项目，探讨对××公司进行宣传推广的主要公关策略和方法。

【活动要求】

（1）明确××公司公关宣传的目的、侧重点、宣传内容，可查阅书籍、网络等。

（2）做好小组公关策划初期准备工作。

（3）策划内容，围绕模拟公司运营背景、经营项目、市场定位、目标对象等开展。

（4）完善公关宣传策划案。

案例分析

只有一名乘客的航班

英国航空公司所属的波音 747 客机 008 号班机，准备从伦敦飞往日本东京时，因故障推迟起飞 20 小时。为了不使在东京候此班机回伦敦的乘客耽误行程，英国航空公司及时帮助这些乘客换乘其他公司的飞机。共 190 名乘客欣然接受了英航公司的妥当安排，分别改乘别的班机飞往了伦敦。但其中有一位日本老太太叫大竹秀子，说什么也不肯换乘其他班机，坚决要乘英航公司的 008 号班机不可。实在无奈，原拟另有飞行安排的 008 号班机只好照旧到达东京后再飞回伦敦。

于是，一个罕见的情景出现在了人们面前。东京到伦敦，航程达 13000 公里，可是英国航空公司的 008 号班机上只载着一名旅客，这就是大竹秀子。她一人独享该机的 353 个飞机座席，以及 6 位机组人员和 15 位服务人员周到的服务。有人估计说，这次只有 1 名乘客的国际航班使英国航空公司至少损失了约 10 万美元。

从表面上来看，的确是个不小的损失，可是，从深一层来理解，它却是一个无法估价的收获。正是由于英国航空公司"一切为顾客服务"的行为，在世界各国来去匆匆的顾客心目中换取了一个用金钱也难以买到的良好公司形象。

【讨论】

（1）说一说在沟通顾客关系活动中树立"服务意识"的重要性。

（2）从公共关系角度考察，沈航与英航在对待乘客问题上采取的不同做法有何相同之处？

（3）当与顾客之间发生矛盾时，顾客未必都是对的，但为什么我们还要说："顾客永远是正确的"？请结合案例加以陈述。

（4）确立顾客关系应该注意的问题有哪些？

（资料来源：中国旅游报，1999.06）

<h2>第五节　营业推广</h2>

知识准备

一、营业推广的概念

营业推广是指除广告、人员推销和公共关系与宣传之外，企业在特定目标市场上，为迅速起到刺激需求作用而采取的促销措施的总称。营业推广对在短时间内争取顾客扩大购买具有特殊的作用，故也称特殊推销。

营业推广在营销沟通中，介绍新产品和建立品牌认知，帮助实施推式和拉式策略。

二、营业推广的方法

根据营业推广活动面对的对象的不同，营业推广方法可分为三大类：第一类是面对消费者的，有赠品、奖券、代价券、现场表演等；第二类是面对中间商的，有购货折扣、合作广告、推销奖金、降价保证、经销竞赛等；第三类是面对推销员的，有奖金、接力推销等。

（一）赠品促销

赠品促销即赠送样品、纪念品、试销品及各种小物品等。通过这种方法，企业使部分消费者免费获得对产品的试用，从而对产品的特点得到体验，形成对产品的认知，同时形成口碑对产品进行口传。

（二）有奖销售

有奖销售即企业销售某种产品时设立若干奖励，并印有奖券，规定购买数量，顾客达到购买数量后可获奖券。然后由销售者按期宣布中奖号码，中奖者持券兑奖。这种推广方法，利用人们的侥幸心理，对购买者刺激性较大，有利于在较大范围内迅速促成购买行为，但应注意奖励要适度。

（三）展览和展销

企业通过举办展览会、展销会及其他形式的展览，进行现场表演、示范操作招徕顾客。这种方法销售集中，说服力强。

（四）商品陈列

企业在橱窗内或货柜前集中陈列商品，突出特色，以吸引顾客的注意力。

（五）廉价包装

企业在商品包装或招贴上注明，廉价包装比一般包装减价若干。该法对于刺激短期销路非常有效。

（六）折价购货券

折价购货券即由销售者向购买者赠送或散发折价购货券，持券者可凭券享受价格优惠待遇。企业通常规定折价购货券的有效期、折价商品的品种和购货地点。

（七）推销竞赛

企业确定推销奖励的办法，刺激、鼓励中间商及企业推销人员努力推销商品，展开竞赛，成绩优异者给予奖励。

三、营业推广的特点

（一）直观的表现形式

许多营业推广工具具有吸引力的性质，可以打破顾客购买某一特殊产品的惰性。这种方式，尤其对于那些精打细算的人具有很强的吸引力。

（二）灵活多样，适应性强

企业可根据顾客心理和市场营销环境等因素，采取针对性很强的营业推广方法，向消费者提供特殊的购买机会。该机会具有强烈的吸引力和诱惑力，能够唤起顾客的广泛关注，立即促成购买行为，在较大范围内收到立竿见影的功效。

（三）有一定的局限性和副作用

有些方式显现出卖者急于出售的意图，容易造成顾客的逆反心理。

如果使用太多，或使用不当，顾客会怀疑此产品的品质及品牌。

想一想

市场上适宜经常使用营业推广这种促销方式吗？为什么？

四、营业推广方案的制定

为了充分发挥营业推广的积极作用，避免出现消极现象，企业在开展营业推广活动前，应先拟定好营业推广方案，然后加以实施。营业推广方案，应包括以下主要内容。

（一）推广的对象与目标

企业首先要明确谁是营业推广的对象，是中间商还是消费者，是男性消费者还是女性消费者等；然后进一步明确目标，是稳定老主顾还是发展新用户，是鼓励继续购买还是争取试用等。

（二）营业推广的措施

由于营业推广的各种方法特点不同，同一方法对不同对象的吸引力也有差异等，因此，营业推广的措施必须经比较和选择后确定。同时应注意，在一次营业推广活动中，选择的措施不宜太多，以便增强针对性。

（三）营业推广的时机、规模与时间

营业推广的时机选择是否恰当会对其实施效果产生显著影响。确定营业推广的规模应与目标顾客结合起来考虑，如目标顾客面广，可把规模扩大些；同时，还应尽可能选择效率高而费用少的营业推广方法，以收到事半功倍的效果。营业推广的时间一般不宜太长，以免出现怀疑或逆反心理，失去吸引力；但也不能太短，以防失去一些本可争取到的顾客，造成遗憾。

五、营业推广中必须注意的问题

营业推广在实施过程中必须和其他营销沟通工具结合在一起才能创造强有力的协同作用。例如，广告提供消费者消费某种产品的理由，营业推广工具则配合广告刺激消费者购买。

营业推广与其他营销沟通工具比较有明显特征。通常信息比较直接，易引起消费者注意，把他们引向产品，采取让步、诱导或免费赠送的办法给顾客某些好处；产生更强烈、更快速的反应，迅速扭转销售下降。但是，营业推广影响常常是短期的，对建立长期的品牌偏好的贡献不是很大，因此，营业推广要和其他营销沟通工具配合起来共同实现营销沟通目标。

实践活动

自主制定营业推广方案

【活动内容】

各小组团队选择某一项目制定其相应的一套营业推广方案出来。营业推广方案应包含基本的要素，应格式规范、文字通顺。方案要具有可操作性，符合基本的商业规律。

【活动要求】

（1）小组成员自主商议选择一个主题进行方案的设计，教师可给出一些主题供学生选择。主题有以下几个。

①××品牌洗发水春季新产品上市，针对消费者的卖场促销。

②××品牌休闲食品卖场试尝试吃活动。

③××品牌化妆品商业中心广场路演活动方案。

④××品牌电器五一节卖场促销。

⑤××超市端午节粽子促销策划。

（2）结合选定的项目进行营业推广方案的设计，要明确推广目标、对象以及推广方式。

（3）完善表4-7的营业推广方案。

表4-7 ××项目营业推广设计方案

营业推广对象：	营业推广时间（周期）：
营业推广主题：	营业推广目标：
营业推广方式：□ 赠送 优惠券 □ 奖励 □组织展销 □现场示范 □其他	
营业推广活动的具体过程：	
营业推广活动经费预算：	
营业推广效果预测：	

案例分析

提意见送免费美容

经营不善的美容院为改变经营状况，特推出"只要你提出意见就能享受免费美容和100元优待"活动，活动时间为一周。美容院将顾客提出的意见在店内张贴，限期改正。一时间，美容院热闹非凡，提出的意见有200余条，致使当地的电视台对此活动进行了跟踪报道，美容院生意从此火爆起来。

【讨论】

试对该美容院推出此次活动的成败进行分析。

（资料来源：杨丽佳. 市场营销基础［M］. 北京：高等教育出版社，2015：8）

第二部分

02

| 实训技能 |

　　根据安徽省教育厅颁布的《2016 年安徽省普通高校对口招收中等职业学校毕业生考试纲要》，从 2016 年开始，普通高校对口招收中等职业学校毕业生考试的内容为"知识＋技能"，其中技能测试分值为 150分，计入总分。90 分以上为合格，90 分以下为不合格，技能测试的重要性可见一斑。

　　在 2016 年的对口高考中，巢湖学院、黄山学院、淮南师范学院等多所院校的财经商贸类专业技能测试选择了"营销策划方案设计"，2017 年淮南师范学院财经商贸类对口高考技能测试选择了"市场调研方案设计"，所以，营销策划方案设计和市场调研方案设计已经成为财经商贸类对口高考非常重要的测试类型。

项目一　商品认知

一、商品认知技能测试纲要

【测试用具】

测试商品实物及该商品的一般信息。

【测试内容】

日常商品的介绍，对整体产品内涵的熟悉与运用。

【测试方法】

问答方式。模拟商业情景，被测试人员以营销者的角色对模拟顾客进行产品介绍，以及回答顾客的提问。

【测试要求】

（1）介绍此商品的品牌和价值。

（2）介绍此商品的性能特点

（3）介绍此商品的构成、成分和原料。

（4）介绍此商品的使用方法和注意事项。

（5）卖点突出，能激发消费者购买欲望。

（6）其他（售后、规格等）。

【测试赋分】

限时 40 分钟，满分 150 分。

（1）能将商品的基本信息表达与传递（60 分）。

（2）对整体产品层次性认识（40分）。

（3）对产品介绍的方法运用（30分）。

（4）介绍中的语言与时间掌握（20分）。

二、商品认知介绍词方案写作技巧

（一）商品认知介绍词写作技巧

无论什么商品，都应有个基本的商品介绍，该介绍不仅表明了商品是什么，也应该告诉别人商品的相关细节，这不仅是对消费者负责，也是对商品本身的一种变相推广法，只有消费者看到了商品的描述才能奠定一个购买的基础。商品介绍应当包含哪些方面，应该怎么写呢？

商品简介：商品简介是商品介绍中最为关键的部分，也是说明商品是什么的部分。如饮品、保健商品、电子商品、减肥商品等，是对商品本身的总概况。简介需包括商品的名称、用途、技术甚至产地、厂家等信息，但点到为止，仅仅做个简短的说明，不需要展开，消费者一眼就能看出这件商品自己需要不需要。

商品功能：商品功能也是需要简要说明的部分之一，如减肥需要说明健康瘦身，或者瘦腿、瘦腰、瘦肚子等，电子商品需要说明录音、录像、电子书、电影等功能，药品则需要说明治疗效果、针对的病症等，有时名称不同，如药品可能写成针对症状，但表达的是一个意思。

商品原理：这部分不同的商品写法大致相同，如配料什么、配料具有哪些功能，借助某些材料的功能从而实现什么功效等。总之讲述这件商品为什么能够实现这些功效，让消费者相信商品的功效有迹可循，能够实现而不是消费欺骗者。其中这部分科技含量占比较重，比较专业。

商品保质期、注意事项、使用方法等：这些基本的元素跟商品的说明书大同小异，必须体现消费者关心的基本问题，以免出现各种不良后果。这一点在保健商品、药品中尤其重要，什么群体不能使用，或者使用时需要注意什么，都是非常关键的部分。且需要简明扼要，写得准确甚至精确，不会误导消费者。

在做商品介绍时，建议大家详细了解商品的特性，全面统筹安排，同时可以借鉴相关相似商品的商品介绍，把各种项目全面而完善地体现。大家可以把自己当作消费者，把自己所关心的问题都能得到解决作为衡量的一个标准。

产品介绍话术有一定的技巧。

● 推销员在商品介绍时，要多用比喻词，尽量生动形象、栩栩如生。

● 推销员介绍商品时要越简单越好，简单明了、干净利索。

● 推销员介绍产品时要通俗易懂，明明白白、切切实实。

● 推销员介绍产品时要有创意，有浓厚的吸引力，让人产生兴趣。

● 推销员介绍商品时要充满自信心，有诚实可信感。

● 推销员介绍产品时要语气和蔼、语言生动。

另外，商品介绍还有小技巧——避免术语。介绍商品的时候不要刻意说一些顾客听不懂的专业术语，这样会让人有不舒服的感觉。

（二）商品认知介绍者礼仪

形象基本要求有：仪容整洁、着装得体、举止端庄、言谈文雅。

1. 仪容（面部的标准）

（1）男士面部需清爽，最好养成每天剃须的良好习惯，切忌蓬头垢面到一些正式场合，会被认为是对别人的不尊重。

（2）女士职业妆容以淡妆为主，不宜浓妆艳抹，在国外或正式场合，不化妆被认为不礼貌。肢体：不留指甲，不染指甲，不用味道浓重、气味怪异的香水。

2. 仪表

穿着不求华丽、鲜艳，只求整洁得体。衣着不宜有过多的色彩变化。

女士着装：正式场合不要穿皮裤、不要忽视鞋子、袜子、裙子的颜色搭配。正式场合忌穿套裙不穿丝袜、忌三截腿。另外，不要过分杂乱、过分鲜艳、过分暴露、过分透视、过分短小、过分紧身，总之，要适合场合，适合自己。

束发

演绎女性的聪颖机智
西服裤套装

露锁骨
的翻领
衬衫

西裤对
O型腿
和X型腿
有遮掩
的功用

　　男士着装：西装是职业和正式场合男士的不错选择，但是有"八忌"应该加以注意，此外还有"三色法则"和"三一"定律（首选黑色）等。

标准设备装推荐

衬衣领开口、皮带袢
和裤子前开口外侧应
该在一条线上。

领带尖可千万不要
触到皮带袢。

坐下时，切记
要将西服纽扣
全部解开。

衬衫一定要露出袖口。

衬衫下摆不要露出
来，应将其藏到裤
子里。

不要系上西服外套的
最后一颗纽扣。

3. 仪态

（1）手势

手势指引时，手指并拢，手心朝上。切记指点江山。

（2）站姿

①男士站姿

- 头正，双目平视，嘴角微闭，下颌微收，面容平和自然；

- 双肩放松，稍向下沉，人有向上的感觉；

- 躯干挺直，挺胸，收腹，立腰；

- 双臂自然下垂于身体两侧，中指贴拢裤缝，两手自然放松；

- 双腿立直、并拢，脚跟相靠，两脚尖张开约60度，身体重心落于两脚正中；

- 双腿可以分开但不要大于肩宽，手部交叉放于腹前。

②女士站姿

双脚保持丁字步的站法，上身保持直立，手部自然放于腹部前，两手自然交叉。

（3）面部表情

微笑是一种国际礼仪，亲切的微笑是最美丽的语言。

（4）眼神

- 面对领导、客人目光友善，眼神柔和，亲切坦然，眼睛和蔼有神，自然流露真诚。

- 眼睛礼貌正视旅客，不左顾右盼、心不在焉。

- 眼神要体现出"三个度"：眼神的集中度、眼神的光泽度、眼神的交流度。

（5）声音

- 声音要清晰柔和、细腻圆滑，语速适中，富有甜美悦耳的感染力。

- 语调平和，语音厚重温和。

- 控制音量适中，让别人听得清楚，但声音不能过大。

- 说话态度诚恳，语句流畅，语气不卑不亢。
- 聆听对方的心声。

另外，还要有一定的沟通技巧。原则是站在对方的角度考虑问题，在解决问题上注意安抚对方的情绪，冷静的情况下比较容易解决问题，技巧上更多的是靠平时的积累，不同的人有不同对待的方法。

三、商品认知方案设计范文

范例一：

玉兰油——花肌悦系列

2012 年 11 月，宝洁公司全球著名护肤品牌玉兰油旗下花肌悦系列全新上市。玉兰油推出全新系列——花肌悦，"绿萃源自然，精油自繁花，四个护肤步骤，还原你最动人的肌肤，犹如朝露晨花，置身于原野，生机不息"。针对年轻肌肤的花肌悦系列下，分别推出天然雪耳萃取和天然白玉兰萃取两种不同功效，全方位满足年轻女性的多方面护肤需求。

天然提取银耳植物保湿精华，创新性的天然保湿发现。"会吸水"雪耳露，为肌肤传递自然生机，质地水嫩轻薄，毫无油腻感。雪耳的超强吸水能力和胶质，能提供肌肤源源不绝的活水能量，让整体保湿工作从吸水、补水，到持续性滋润，形成源源不绝的储水模式，让干枯现象无所遁形。帮助打通肌肤内部自然补水通道，增强肌肤由内而外的自然补水能力，如同植物通过根茎将根部水分运送至它的枝叶一般。

含有萃取自江南天然白玉兰花瓣的美白精粹，天然提取物及多种维生素。质地清透容易被肌肤吸收，深层渗透从源头美白，用后肌肤纯净透白。有效改善不均匀肤色，让你轻易拥有嫩白水灵好肤色，在舒缓肌肤的同时令人感觉湿润舒适，清新自然。

玉兰油官方网站、玉兰油 OLAY 天猫官方旗舰店、屈臣氏、万宁等连锁超市都可以购买到我们的产品。

范例二：

云南白药牙膏——留兰香型

云南白药品牌享誉中外，是中国止血愈伤、消肿止痛、活血化瘀类产品的百年品牌。云南白药牙膏是以牙膏为载体，借鉴国际先进口腔护理、保健技术研制而成的口腔护理保健产品。云南白药牙膏内含云南白药活性成分。我手中的这款留兰香型牙膏规格为180g，它内含的云南白药活性成分，具有帮助减轻牙龈问题（牙龈出血、牙龈疼痛）、修复粘膜损伤、营养牙龈和改善牙周健康的作用；采用天然留兰香精，口感温和，有效祛除口腔异味。

此款牙膏拥有更多修护力：六大白药活性因子，具有活血、抑菌、止血、修复、抗炎促进及骨细胞生长的独特作用，全面保健牙周。

更呵护口腔：温和清洁口腔，严苛地挑选高档软性洁牙磨料，呵护牙龈的同时，更不伤牙釉质。

更清新自然：充分运用大自然的能量，添加天然提取的优质食用留兰香料，帮助清新口气。

随着云南白药牙膏受到越来越多的广大顾客欢迎，许多不良商家开始生产假冒伪劣产品，并使其大量流入市场，您在购买云南白药牙膏时需注意几个要点。细心的您记住，购买时要看清商品外包装，谨防受骗。

应具体注意以下几点：

（1）云南白药牙膏系列产品的每一个包装盒都印有"云南白药"注册商标；

（2）云南白药牙膏系列产品只有一个"名称"——云南白药牙膏；

（3）云南白药牙膏系列产品的出品商为云南白药集团股份有限公司；

（4）防伪商标，云南白药牙膏外包装盒上有激光防伪商标，在光照下看，反射面是均匀的；

（5）生产日期，云南白药牙膏生产日期为钢印打印，有凹凸感。

（6）云南白药牙膏拆开外包装时，封口处的◎◎会破损。

四、商品认知方案技能模拟测试
模拟测试卷一：

清风原木纯品金装系列

抽取式面纸

（考试时间 3—5 分钟，总分 100 分）

产品名称：清风 3 层 140 抽 24 包中规格抽取式面纸

主要成分：原生木浆

纸张规格：188mm×152mm×3 层

产品规格：140 抽/包　224 包/箱

产品香型：无香型

价格：1402 元

模拟测试卷二：

奇牌洗衣皂（椰油精华）

（考试时间 3—5 分钟，总分 100 分）

品名：奇牌洗衣皂（椰油精华）

类别：透明皂

保质期：3 年

规格：208 克 ×12 块

特点：椰油精华 不伤手（无磷配方）

价格：60 元

项目二　特定情形下的客户关系处理

一、特定情形下的客户关系处理技能测试纲要

【测试项目】

特定情形下的客户关系处理。

【测试用具】

选定顾客角色扮演者，提出自己的顾客意见和问题。

【测试内容】

测试被考核对象的问题处理能力包括沟通的技巧、冲突的处理方法、沟通中的信息获取。

【测试方法】

问答与笔试。模拟设置特定情境下的顾客冲突，让被测试者站在一个特定的角色来处理该冲突。

【测试要求】

（1）处理流程方案。

（2）费用计划。

（3）处理效果评析（客户、商家、厂家）。

（4）事后预防措施等。

【赋分参考】

限时 60 分钟，满分 100 分。

（1）能够解决基本的问题（45 分）。

（2）解决问题中的技巧运用（20 分）。

（3）客户的满意度（20 分）。

（4）解决问题中给客户附加值传递（15 分）。

二、特定情形下的客户关系处理范文

导购是我们日常生活中常见的销售模式，在销售过程中会遇到很多情景。假如我们是导购，面对不同的情景我们应该怎么应对？以下以服装导购为例介绍导购常见的应对方式。

情景模拟一：导购热情，顾客不理睬。

导购：欢迎光临！有什么需要的吗？

顾客：我随便看看。

应对方式：

（1）没关系，你随便看吧。

（2）那好，你随便看看吧。

（3）您先看看，喜欢的话可以试试。

（4）买衣服一定要多了解多比较，这样才能买到称心如意的衣服，请问您喜欢哪一款风格的衣服？

你认为哪一种应对方式更好？为什么？

应对关键词：认同、肯定、提问

情景模拟二：导购建议顾客试穿，顾客不予采纳。

导购：喜欢的话可以试穿。

顾客：我再看看。

应对方式：

（1）试穿一下嘛，不买没关系的！

（2）要不试穿这件吧，这件也不错。

（3）你真是非常有眼光，这件外套是这段时间我们店卖得最好的一款。以您的身材，我相信您穿上之后，一定能把您的身材美感展现出来。这边有试衣间，请跟我来试穿一下，看看效果怎么样。（说话间提着衣服引导顾客往试衣间走。）

你认为哪一种应对方式更好？为什么？

应对的关键词：赞美、引导、请求

情景模拟三：顾客很喜欢，可陪同者不赞同或者顾客想到别处看看。

顾客：我觉得这件衣服挺不错的，你觉得呢？

陪同者：一般般吧，去别的地方再看看。

应对方式：

（1）不会呀，我也觉得挺好的。

（2）怎么会呢？这可是这个季节的流行服装。

（3）这个很有特色，怎么不好看呢？

（4）自己喜欢就行，不要在意别人怎么说。

（5）（对陪同者说）这位小姐，很感谢您的评价，请问您觉得什么样的款式更适合你的朋友呢？我们可以交换一下看法，然后帮你的朋友找到一款适合她的衣服。

你认为哪一种应对方式更好？为什么？

应对关键词：尊重，认同、探讨

情景模拟四：顾客担心特价商品有问题。

顾客：为什么打折，是不是不好的商品？

导购：我们店的商品都是正品，绝对没问题，打折是为了回报新老顾客。

顾客：说得真好听，我可不信。

应对方式：

（1）信不信由你，你不买有人买。

（2）你真是太多虑了。

（3）您有这种顾虑是可以理解的，毕竟您说的这种情况在有些店确实存在，不过我可以负责任地告诉你，我们店的打折商品都是同一品牌，质量完全是一样的。现在折扣这么低，只是为了腾出位置上新款，如果购买的话真的非常划算，您完全可以放心购买。

你认为哪一种应对方式更好？为什么？

应对关键词：表达理解、说明原因、鼓励

情景模拟五：顾客说回去和家人商量商量。

导购：这件衣服真的很适合你，这个价格并不贵。

顾客：我不能做主，我要回去和家人商量商量。

应对方式：

（1）这款衣服这么适合您还有什么好商量的。

（2）真的很适合你，你就不用再考虑了。

（3）不说话，表情不悦，开始整理衣服。

（4）好吧，欢迎您商量好了再来。

（5）小姐，其实我能感觉到您挺喜欢这件衣服。这件衣服非常符合您的气质和身材，您说回去和家人商量，我很理解您的想法，我担心是不是有介绍不到位的地方，所以你才不能够决定购买这件衣服呢。我想请教一下，您现在主要考虑的是我们的款式还是……（微笑地注视着顾客稍加停顿，引导顾客说出顾虑。）

你认为哪一种应对方式更好？为什么？

应对的关键词：认同、理解、请教

情景模拟六：高峰时段导购忙不过来，顾客不满。

顾客：怎么回事啊，怎么没人接待啊？

导购：你稍等一下，人太多了，我们忙不过来。

应对方式：

（1）着什么急呀？我一会儿就过来啊。

（2）你等一下，我先忙完这里的顾客。

（3）任凭顾客怎么抱怨都不理睬。

（4）（对新来的顾客说）真的很抱歉，这段时间比较忙，招待不周，请见谅，您看看我们店刚到的新款，有喜欢的就叫我一声好吗？

（离开去接待其他顾客，当先到的顾客询问时立即过来接待。）

你认为哪一种应对方式更好？为什么？

应对的关键词：说明原因及时回应

三、特定情形下的客户关系处理技能模拟测试

根据生活中的实际情景，四人一组模拟特定情境下的顾客冲突并合理解决。

项目三 营销策划方案设计

一、营销策划方案设计技能测试纲要

【测试用具】

准备拟需要进行某方面策划的特定公司或项目的背景资料。

【测试内容】

针对某个节日、商品、商家的促销整体方案设计。

【测试方法】

笔试。让被测试对象以一个策划者的角色来对需求方的特定问题进行策划。

【测试要求】

（1）主题设计。

（2）促销内容和执行细案细则设计（什么时间，由谁来做，做什么）。

（3）方案经费预算。

（4）活动预期效果。

（5）卖点突出，能激发消费者购买欲望。

（6）其他（执行控制、安全保证）。

【测试赋分】

限时90分钟，满分150分。

（1）策划方案的完整性（70分）。

（2）策划方案的可行性与针对性（30分）。

（3）策划方案创意创新（30分）。

（4）完成时间与表达清晰（20分）。

二、营销策划方案写作技巧

（一）营销策划的目的

（二）企业背景状况分析

（三）营销环境分析

1. 当前市场状况及市场前景分析

（1）产品的市场性、现实市场及潜在市场状况。

（2）市场成长状况，产品目前处于市场生命周期的哪一阶段。对于不同市场阶段的产品公司营销侧重点如何，相应营销策略效果怎样。

（3）消费者的接受性，这一内容需要策划者凭借已掌握的资料分析产品市场发展前景。

2. 对产品市场影响因素进行分析

主要是对影响产品的不可控因素进行分析，如宏观环境、政治环境、居民经济条件，以及消费者收入水平、消费结构的变化、消费心理等。对一些受科技发展影响较大的产品，如计算机、家用电器等产品的营销策划，还需要考虑技术发展趋势方向的影响。

3. 市场机会与问题分析

营销方案是对市场机会的把握和策略的运用，因此分析市场机会就成了营销策划的关键。只要找准了市场机会，策划就成功了一半。

（1）针对产品营销现状进行问题分析。营销中存在的具体问题，表现为多方面：企业知名度不高，形象不佳影响产品销售；产品质量不过关，功能不全，被消费者冷落；产品包装太差，提不起消费者的购买兴趣，产品价格定位不当；销售渠道不畅，或渠道选择有误，使销售受阻；促销方式不完善，消费者不了解企业产品；服务质量太差，令消费者不满；售后保证缺乏，消费者购后顾虑多；等等。

（2）针对产品特点分析优、劣势。从问题中找劣势予以克服，从优势中找机会，发掘市场潜力。分析各目标市场或消费群特点并进行市场细分，对不同的消费需求尽量予以满足，抓住主要消费群作为营销重点，找出与竞争对手的差距，把握利用好市场机会。

（四）营销目标

营销目标是在前面目的任务基础上，公司所要实现的具体目标，即营销策划方案执行期间，经济效益目标应达到：总销售量为×××万件，预计毛利×××万元，市场占有率实现××。

（五）营销战略（具体行销方案）

1. 营销宗旨

一般企业可以注重这样几方面：以强有力的广告宣传攻势顺利拓展市场，为产品准确定位，突出产品特色，采取差异化营销策略；以产品主要消费群体为产品的营销重点；建立起点广面宽的销售渠道，不断拓宽销售区域等。

2. 产品策略

通过前面产品市场机会与问题分析，提出合理的产品策略建议，形成有效的4P组合，达到最佳效果。

（1）产品定位。产品市场定位的关键是在顾客心目中寻找一个空位，使产品迅速启动市场。

（2）产品质量功能方案。产品质量就是产品的市场生命，企业对产品应有完善的质量保证体系。

（3）产品品牌。要形成一定知名度、美誉度，树立消费者心目中的知名品牌，必须有强烈的品牌意识。

（4）产品包装。包装作为产品给消费者的第一印象，需要能迎合消费者并使其满意的包装策略。

（5）产品服务。策划中要注意产品服务方式、服务质量的改善和提高。

3. 价格策略

这里只强调几个普遍性原则：拉大批零差价，调动批发商、中间商的积极性；给予适当数量折扣，鼓励多购；以成本为基础，以同类产品价格为参考，使产品价格更具竞争力。若企业以产品价格为营销优势，则更应注重价格策略的制定。

4. 销售渠道

产品销售渠道状况如何，对销售渠道的拓展有何计划，采取一些实惠政策鼓励中间商、代理商的销售积极性或制定适当的奖励政策。

5. 广告宣传

（1）原则。服从公司整体营销宣传策略，树立产品形象，同时注重树立公司形象。

①长期化。广告宣传商品个性不宜变来变去，变得多了，消费者会不认识商品，也反而会使老主顾觉得陌生。所以，在一定时段上应推出一致的广告宣传。

②广泛化。选择广告宣传媒体多样式化的同时，注重抓宣传效果好的方式，不定期地配合阶段性的促销活动，掌握适当时机，如利用重大节假日，公司有纪念意义的活动等，及时、灵活地进行促销。

（2）实施步骤

策划期内前期推出产品形象广告，适时推出诚征代理商广告。节假日、重大活动前推出促销广告，把握时机进行公关活动接触消费者，积极利用新闻媒介，善于创造利用新闻事件提高企业产品的知名度。

（六）具体行动方案

根据策划期内各时间段特点，推出各项具体行动方案。行动方案要细致、周密，操作性强又不乏灵活性，还要考虑费用支出，一切量力而行，以较低费用取得良好效果为原则。尤其应该注意季节性产品淡、旺季营销侧重点，抓住旺季营销优势。

（七）策划方案各项费用预算

这一部分记录的是整个营销方案推进过程中的费用投入，包括营销

过程中的总费用、阶段费用、项目费用等，其原则是以较少投入获得最优效果。费用预算方法在此不再详谈，企业可凭借经验，具体分析制定。

（八）方案调整

这一部分是作为策划方案的补充部分。在方案执行中可能会出现与现实情况不相适应的地方，因此方案必须根据市场的反馈及时做出调整。

三、促销策划方案设计范文

范例一：

大学社团迎新活动策划方案

一、活动背景

金秋十月，桂花香飘进师大校园。随着军训的结束，2018 级的新生们开始了大学正常的学习和生活。而他们在各方面的交流过程中都感到了自己在口才方面的欠缺，这与现今社会所需要的复合型人才明显不相符，所以非常需要我们为他们提供一个可以锻炼口才的平台。

二、活动目的及意义

扩大协会影响，让更多的人全面、真实地了解演讲与口才协会的宗旨、目标、团队建设、活动策划等，为以后在校内顺利开展各种丰富多彩的口语交际活动，给会员们提供一个锻炼口才、提高能力、展示才华的舞台做宣传；同时也为各会员提供提升自己完善流畅的表达能力的机会，引导一些会员改变胆小、怯场、不善表达的性格。

三、活动对象

全体新老会员、协会会干和一些老会干。

四、活动时间

2018 年 10 月 15 日晚 19：30。

五、活动地点

一区 309。

六、活动流程

（一）指导教师讲话

（二）会长讲话

（三）协会 PPT 展示

（四）舞蹈

（五）声音模仿秀

（六）游戏环节（口耳相传）

游戏规则：

1. 一次可邀请或随机抽取 4—6 位同学上台。

2. 抽到的同学统一向左或向右转，排成一排。

3. 由主持人拿出事先准备好的纸条，给排头的同学看，排头同学根据纸张内容及自己的理解，给第二位同学表演动作，不能出声；第二位再给第三位表演，以此类推，直到最后一位同学说出纸张的内容。

4. 游戏可重复进行 2—3 轮。

（七）即兴演讲（新会干的演讲）

（八）讲笑话

（九）游戏环节（西瓜蹲）

游戏规则：

1. 一次邀请或随机抽取 4—5 位观众上台。

2. 抽到的同学面对观众排成一排。

3. 每个同学手上拿着一张画有水果的牌。

4. 第一位同学边蹲边喊自己拿到水果的名称，同时随便叫其他同学手上的水果名，如喊"西瓜蹲，西瓜蹲，西瓜蹲完黄瓜蹲"，接着轮到手拿黄瓜牌的同学喊口号，直到有同学出错，接受惩罚。

5. 游戏可重复进行 2—3 轮。

（十）拉歌（全体人员）

（十一）全体人员拍照留念

七、人员分工

（一）前期准备

1. 赞助

秘书部负责积极寻求赞助。

2. 征集节目

秘书部负责，7 日晚向新老会员发出节目的征集通知。

3. 通知时间地点

秘书部负责，12 日、14 日晚上分别发微信通知。

4. 宣传海报

宣传部负责，13 日、14 日这两天在食堂张贴海报一张。

5. 场地申请

外联部负责。

6. 主持人

7. 现场布置

（1）门口以气球、彩带作为装饰。

（2）黑板绘制彩图，在中央标出本活动的主题。

（3）将桌椅排列在四周，在教室中间留出一片空地。

（4）四周的空墙以气球做成花型的装饰。

（5）在灯上悬挂彩带作装饰。

（二）活动现场

1. 现场活跃气氛（会干要积极主动）

2. 物资及奖品管理

3. 现场清理

4. 拍照

八、经费预算

气球（粉红、白色）100 个 10 元；

皱纹纸（粉红色）5 张 2.5 元；

玻璃绳（白色）1 捆 2 元。

总计：14.5 元。

注意：会场所需的矿泉水没有计算在内。

九、活动亮点

各类丰富多彩的文娱节目和游戏活动利于新老会干和新会员增进感情，加深彼此的了解与沟通，让新会员体会到协会大家庭的温暖。同时，可弘扬社团文化，促进协会建设与发展，给每个参与此次活动的同学一个锻炼自我、展现自我的机会，以丰富大家的业余文化生活。

范例二：

安踏服饰在合肥市场的促销策划案

一、活动主题

我的青春我做主——安踏服饰。

二、活动目的

（一）使产品在合肥地区有一个明确的定位

（二）在明确产品定位的基础上，提高产品的知名度

（三）让目标消费群在最短的时间内认知安踏服饰，缩短推广期的时间长度，尽快进入成长期，创造效益

（四）提升产品销量，使 7 月份实现 30 万元的销售额

三、活动对象

主要对象：合肥地区 15—25 岁的青年人

次要对象：合肥地区 25—40 岁的消费者

四、活动地点

合肥市步行街专卖店。

五、活动时间

2017 年 7 月 1 日至 7 月 31 日。

六、【活动内容】

（一）全场满即送

1. 满 100 元，赠返现 20 元

2. 满 200 元，赠返现 40 元

3. 满 500 元，赠返现 80 元

4. 满 1000 元，赠返现 200 元并附带会员卡一张

（二）会员积分双倍

凡会员在活动期间购买商品可享受双倍积分。

（三）凡购满 499 元的顾客还可以参加抽奖一次

100% 中奖率，惊喜等着你。

特等奖：999 元购物券一张（1 名）

一等奖：499 元购物券一张（5 名）

二等奖：399 元购物券一张（8 名）

三等奖：299 元购物券一张（10 名）

四等奖：199 元购物券一张（15 名）

五等奖：99 元购物券一张（20 名）

六等奖：新年红包一个（50 名）

幸运奖：精美手机链一个

七、活动运作

（一）广告宣传

在合肥电视台滚动播放广告，时间 6：15—7：20，每天播出 10 次，每次 15 秒。利用 149、226、606、20 等多路公交车进行车身广告，时间为 6：15—7：20。电视广告和车身广告均委托金娟国际广告策划公司制作。

（二）卖场布置

专卖店门前设拱形充气门，门上粘贴本次促销主题。店内张贴海报，在入口等明显处设立展板告知各阶段的活动内容。活动期间广播滚动播出活动内容。

八、活动控制

（一）工作人员职责明确，每一位工作人员都应清楚同阶段的活动内容和个人职责

（二）活动期间，现金抵用券的发票不能参加抽奖活动

（三）各活动不能同时参加

（四）各专卖店每日及时公布获奖顾客名单

九、促销预算

（一）广告宣传

电视广告：16000 元

车身广告：10000 元

海报：600 元

（二）店内布置：2000 元

（三）奖品及礼品：8000 元

（四）人员费用：2000 元

（五）道具费用：1000 元

（六）其他费用：1200 元

（七）合计：41800 元

营销策划方案范例一：

可口可乐营销计划书

一、前言

近年来，饮料行业整体发展速度非常迅猛，年产量以超过 20% 的年均增长率递增，达到了 1300 多万吨。在产量增长的同时，品种也日趋多样化，为消费者提供了更多的选择机会。在这种成熟期的市场格局下，如何营销策划自己的产品，使产品能够脱颖而出，在整体的饮料行业实现长足的发展，是所有饮料企业需要探讨和思索的问题。因此，在满足消费者需求的同时，要根据市场的需求进行产品的多样化转型发展。

二、执行概要

随着我国市场经济的不断发展，人民生活水平不断提高，消费者对于功能性饮料市场的需求逐渐降低，花样百出的宣传并不能掩盖功能性饮料越来越不受欢迎的事实，长此以往，整个功能性饮料业的发展运转速度将会滞后。因此在不断提高企业技能和实力的同时也需要不断变换营销模式，使企业健康高速地发展。在此，我们以可口可乐饮料为例，在营销策划时把饮料的定位与渠道方面更加细化，将产品推向市场，从而推动饮料行业的发展，实现营销的目的。

三、环境分析

（一）产品状况

可口可乐不仅有其核心产品可口可乐，旗下还生产雪碧、柠檬健怡可口可乐、芬达、美汁源果粒橙、醒目、酷儿、雀巢冰爽茶、冰露纯净水、雀巢咖啡、茶研工坊、阳光等，每种产品的上市都引起了一段时间的销售热潮，尤其是在青少年群体中。就目前的情况来看，占市场主导地位的仍是可口可乐和雪碧。其产品包含了碳酸饮料、茶饮料、果蔬饮料、运动型饮料这几个目前市场占有率很高的饮料类型，可以满足不同消费者的口味需求。产品口味占有极强的优势，百年前那神秘诱人的碳酸水至今仍那么神秘，口味独特，吸引了各种不同的消费者。

（二）竞争状况

如今，市场上各类饮品日益增多，无论是同类产品还是非同类产品都给可口可乐带来了巨大的挑战与压力，尤其是百事可乐的竞争，挤占了可口可乐很大的市场份额。然而，现在两家企业都面临一个问题，就是大家普遍认为碳酸饮料对人们的身体不好，这就使得可乐在整个饮料行业不能得到充足的发展空间，必须有所创新与突破。随着饮料市场的不断多元化，碳酸饮料的市场已经有被挤兑的趋势，改变策略就成了刻不容缓的问题。当前在学校其最大的挑战就是果蔬饮料、茶饮料及乳酸菌饮料，而可口可乐的多元化市场现在并不成熟，在非碳酸饮料方面的开发力和宣传力还不足，很多人除了知道可口可乐公司有核心产品可口可乐以外并不知道还有其他产品。大学生的口味多种多样，产品种类也多，已不再是凭可乐打市场的时代，所以，如何既充实产品线，扩大产品种类宣传，又能保持品牌独特性，是企业当前的目标。

（三）消费者状况

大学生几乎没有收入来源，但是消费欲望强烈，父母对他们的生活补贴是其生活的支柱。随着生活水平的提高和父母对教育的重视，家庭对大学生的经济投入很大，其消费能力也不容小觑。高校市场属于低端消费市场，但是在不久的将来他们会成为高端市场的重要组成部分。在可口可乐校园营销的时候要抓住这一群体的特点，采取相应的营销策略。大学生消费群体正是富有激情、对时尚最为敏感的一族。通过对大学生的调查，发现他们在消费时主要考虑的因素有品牌知名度、口味以及是否健康、是不是比同行业中的饮料价格低、是不是有优惠。在校大学生大多处于 18 到 20 多岁。这个群体追求时尚，对新鲜事物感兴趣，他们崇尚个性，思维活跃，具有强烈的品牌意识，对品牌的忠诚度低，是容易相互影响的消费群体。因此，要在校园里扩大可口可乐的品牌宣传力度，并传达可口可乐青春活力的品牌理念，不断推出新口味的子品牌，以追随市场消费的变化。另一方面，年轻人都比较爱运动，所以同时要加强在运动和解渴两方面的宣传。

四、SWOT 分析

优势	1. 校园拥有强大的市场竞争力 2. 针对学校的广大青年群体，碳酸饮料选择最多的就是可口可乐和百事可乐 3. 品牌知名度高，在消费者心中树立了良好的企业形象 4. 产品拥有比较便利，校园零售点都能满足需要，且有独特风味
劣势	1. 学生群体健康意识普遍增强，越来越多的人认为可乐是不健康饮料，因可乐内含有咖啡因等成分，且易造成肥胖等健康问题 2. 行业间的竞争和威胁。许多替代饮料也在对饮料市场这块大饼虎视眈眈 3. 比起其他饮料，可口可乐解渴功能较弱

机会	1. 现在正值夏日，许多学生爱在运动之后喝冷饮料解渴。此外，在学校里面容易做促销活动，市场面广 2. 校园市场是一个充满活力的市场，碳酸饮料符合年轻群体追求时尚的需求 3. 饮料品牌形象影响销售状况颇深 4. 喝饮料已经成为年轻人的一种趋势 5. 校园饮料价位大都在三四元，学生普遍能承担，所以学校在饮料消费上有很大的购买力
威胁	1. 非可乐的其他碳酸饮料的产品替代性高 2. 消费者追求健康的意识提高，势必将减少对碳酸饮料的饮用 3. 饮料市场竞争颇为激烈，主要竞争对手是百事可乐。此外，现在校园里面大都有奶茶店，这些店铺大都提供舒适的座位，这就吸引了更多的学生过去，从而使得可口可乐的校园市场占有率降低

五、营销及财务目标

营销目标是通过一系列的整合营销策划使可口可乐的品牌美誉度和市场占有率在 2012 年的校园营销中有所提升。本次活动的目标消费群是师范大学的在校学生。大学生是充满运动气质的群体，可乐在大学生中的市场非常大，但营销策略的优劣直接影响了可乐的销售情况。经过市场调查，我们认为在决定销售情况的诸多因素里，影响饮料购买的最主要因素是销售地点及销售方式。分析与竞争对手的优劣势，几个队伍同时销售同样的产品，这就表示要取得销售的胜利，必须最大限度地抢占市场并提供最快捷周到的服务。

六、市场细分

市场细分程度是衡量一个企业营销市场是否成熟的标志之一。伴随着经济和科技的高速发展，产品的多元化、差异化，也带来了市场的极度细分。

市场极度细分给企业的发展模式提出了挑战，要想在市场上占据领先地位，就必须做到市场细分极度化。如何对产品进行准确的市场定位、价格定位，以平衡新老产品之间的竞争关系，时刻考验着企业的市场营销能力。

七、营销策略及方案

（一）促销策略

1. 端午节促销活动

时间：端午节放假三天期间。

地点：师范大学图书馆门口。

活动内容：利用图书馆门口广阔空地进行活动。每天来图书馆看书的学生很多，因此这里的客流量很大，具有很大的商机。在图书馆门口设三个点，施行"买3瓶可口可乐即送美味粽子一个"的促销策略，粽子送完即止。这样，即能让消费者享受可口可乐带来的无限清爽，还利用端午节这个时机让消费者吃到粽子。

2. 秋季学期每周六限时限量降价促销活动

时间：每周周六19：00—20：00。

地点：师范大学校友超市。

活动内容：在学校校友超市设置固定卖点，将促销时间设在19：00—20：00是因为这个时间恰逢许多同学刚运动归来，对饮料需求比较大。每周周六拿出88瓶可口可乐半价促销。

（二）合作策略

可口可乐公司可以与学校周边网吧合作，推出"可口可乐杯CF大赛"（该项目可以选成DNF、魔兽世界等热门游戏），届时，凡参加比赛的同学在第一瓶原价的基础上，第二瓶享受超低价，并且比赛前十名（依具体人数而定）的选手可免费获得可口可乐两瓶，同时网吧在此比赛期间会员免费1个小时，买一瓶可口可乐增加上网时间10—20分钟，从而增加该网吧会员数量，同时也增加了可口可乐的销售量，形成双赢局面。

（三）宣传策略

1. 准备工作

（1）在师大招聘几个兼职人员（口才较好且熟悉师大各个宿舍的同学优先）。

（2）对兼职人员进行专业培训。

（3）定制一批印有可口可乐特有标志的小挂件。

（4）设计一份属于可口可乐自己的宣传单。

（5）设计一些简单的问题。

2.【活动内容】

让兼职的同学们带着小挂件、宣传单和问题册到各个宿舍去宣传可口可乐产品。在这个过程中，宣传的同学要负责向各个宿舍里的同学介绍可口可乐产品及即将在师大校园里开展的各种促销活动，最后还要进行有奖问答活动，而奖品就是那些小挂件。

八、营销预算

序号	内容	金额
1	端午节促销	6 人 × 60 元/天 × 3 天 = 1080 元
2	每周六促销	1 人 × 20 元/时 × 20 时 = 400 元
3	宣传人员	4 人 × 10 栋 × 2 天 × 40 元/天 = 3200 元
4	宣传单 + 奖品	3000 份宣传单 × 0.1 元/份 + 1000 份奖品 × 0.5 元/个 = 800 元
	共计	5480 元

九、总结分析

此营销活动还需要根据实际的实施效果在实施过程中进行实时监督，并在必要时进行改进修正。相信在这个市场营销策划书的指导下，经过宣传和各种活动，我们的服务和形象推广会取得良好的效果，让广大师生加深对可口可乐各种产品的印象，得到大部分同学的认同，有效地提高可口可乐公司的美誉度和知名度，从而攻占师大这一市场。

活动结束后，要及时进行市场调研，了解消费者品牌忠诚度和市场占有率情况，对比营销前后消费者的心理变化情况，以及是否对可口可乐品牌有新的认识和看法，确定顾客对可口可乐饮料是否有新的需求。最后确定营销的效果，以便为以后制定营销策划方案提供参考。

营销策划方案范例二：

王老吉市场营销策划书

一、前言

在当今这个经济日益增长的社会，人们越来越会享受生活，但同时人们也越来越注意生活的品质。现实表明，生活的健康离不开健康的生活习惯和饮食，健康的饮食离不开王老吉。王老吉是凉茶的始祖，它是一个具有悠久历史的产品，始创于清朝道光年间，现已有百年历史。它选用草本植物材料，运用先进科学方法酿制而成，具有清热降火功效，是其他产品所不具备的。此策划主要从五大部分（市场分析、问题诊断与目标市场选择、市场定位与营销创意、营销组合策略、营销计划与执行）来进行研究，并通过 SWOT 分析方法来进行问题的深究，从而明确企业的现状与困境，理清企业的发展战略，最终为企业建立起品牌。

二、现状分析

（一）宏观分析

随着人们生活水平的不断提高，人们越来越关注健康饮食，保健饮品已成为人们的主流饮品。近年来人们对保健饮品的消费呈日益增长趋势，人们对饮料的要求越来越高。

（二）微观分析

1. 市场潜力

通过分析不难看出，这是一个巨大的市场。特别是在夏季，饮料的销量不断增大，而王老吉以其特有的口味不断地提高市场份额。饮料市场规模在不断增大，消费者最近两年喝饮料的数量有所增加，饮料市场容量在不断扩大，整个饮料行业市场前景看好。据有关数据显示，在1999 年至 2002 年饮料市场的黄金成长期间，老牌瓶装水和碳酸饮料增势日疲，已连续两个年度负增长，而新的功能饮料和茶饮料却增幅趋稳，且稳中有升；增势最为明显的还要数果汁饮料。然而王老吉也在这时异军突起。

2. 竞争者

目前中国市场的饮料品种繁多，竞争激烈，其中，可口可乐、百事可乐、康师傅、汇源、统一等占领着中国的大部分市场份额，且每种品牌都有各自的订单和稳定的销量，想要打破平衡迅速占领市场，依靠原有规模是比较有难度的。所以要推陈出新，做好广告战略和得到消费者的认可，同时还要摸清楚自己的竞争对手的营销策略及其战略定位。

3. 消费者需求的特点

据调查，有1/4的消费者表示最近两年喝饮料的数量基本上没有变化，仅有少量消费者表示最近两年喝饮料的数量减少了；有近1/2的消费者喝饮料的数量在增加，表明饮料市场容量在不断地扩大，整个饮料行业市场前景看好。根据市场调查分析看出，喝功能性饮料的消费者越来越多，而喝碳酸饮料和水饮料的消费者则逐渐减少。在影响饮料购买的众多因素中，"口味好"排名最高，比例超过50%。可见，口味是影响消费群体购买的最重要因素。另外，价格的影响也不容忽视，被列为影响购买的第二大因素。同时，品牌知名度、保质期、购买方便程度也成为人们购买时普遍考虑的较重因素。另外，广告影响也相当重要。所以王老吉要针对消费者的需求来制订战略。

（三）SWOT分析

1. 优势

功能性饮料将热卖饮料市场。随着我国城市居民生活水平的不断提高，人们对饮料的消费需求也发生了明显的变化。喝饮料不再仅仅是为了解渴，而希望饮料能提供如降火、美容、补充人体中必需的微量元素和健身等附加的一些保健功能。

2. 劣势

消费者对王老吉认识混乱，王老吉这个具有上百年历史的品牌就是凉茶的代称，可谓说起凉茶就想到王老吉。因此，王老吉受品牌名所累，并不能让大众接受它作为一种可以经常饮用的饮料。

3. 机会

（1）中国国内凉茶市场不成熟，存在许多市场空白。

（2）在中国，"上火"是一个普遍性的中医概念，全国人民都有降火的意识，这有利于王老吉走向全国。

4. 威胁

（1）国内饮料市场巨头多。

（2）很多地方，人们并没有"凉茶"的概念，甚至在调查中频频出现"凉茶就是凉白开"的看法。

三、市场细分

（一）目标市场策略

1. 市场细分

碳酸饮料：以可口可乐、百事可乐为代表。

茶饮料、果汁饮料：以康师傅、统一、汇源为代表。

功能性饮料：以菊花茶、清凉茶等为代表。

2. 目标市场选择

企业的产品归属在饮料。

3. 目标市场战略

红色王老吉顺应现有消费者的认知而且没有与之冲突。

红色王老吉是作为一个功能性饮料，购买红色王老吉的真实动机是"预防上火"。

（二）产品分析

1. 现有饮料产品分析

现有饮料产品的不足：产品太多，分不清好坏；共性太强，项目策划个性太少；品牌杂乱；营养成分缺乏；碳酸饮料太多；补充体力的饮料很少；功能单一。

2. 产品生命周期分析

各种饮料类型在市场上所处阶段不同，市场空间和拓展策略也表现出很大差异。碳酸饮料已经进入产品成熟期,品牌集中度非常高,企业可以通过扩大分销渠道和市场覆盖率来实现效益增长;果汁饮料和茶饮料均还处于产品成长期,市场空间仍然很大。现在很多地方的茶饮料消费还属于培育期,相信市场前景非常广阔。同时一些新兴的饮料类型如保健和运动功能型饮料等也有望成为下一个饮料业经济增长点,目前市场上这类饮料还没有主打产品,消费需求也明显呈现出增长态势。

3. 产品的品牌分析

品牌格局日益多元,国外品牌以可口可乐和百事可乐为主,国内品牌以娃哈哈、康师傅、统一三大品牌为主。以茶饮料为例,康师傅、统一之后,娃哈哈及众多二线品牌仍能在主流大潮中获得收益。品牌集中度在碳酸饮料和混合型果汁饮料中最高,而水/茶饮料最低。

四、目标设定

(一)策划目的

继续保持王老吉在中国市场上占有较大份额的优势。

(二)策划目标

1. 目标市场

企业的产品归属在饮料行业中,其直接的竞争行业是"功能性饮料"。

2. 市场定位

(1)走出广东、浙南。由于"上火"是一个全国性的中医概念,而不再像"凉茶"那样局限于两广地区,这就为红色王老吉走向全国扫除了障碍。

(2)形成独特区隔。"预防上火的饮料"品牌定位的准确与新颖,使产品和竞争者能有效地区分开来。

(3)将产品的劣势转化为优势。①淡淡的中药味,成功转变为"预防上火"的有力支撑;②3.5元的零售价格,使"预防上火的功能"不再"高不可攀";③"王老吉"品牌悠久的历史,可成为预防上火"正宗"的最好的证明。

3. 需要解决的问题

（1）最核心的问题是企业不得不面临一个现实难题 —— 红色王老吉当"凉茶"卖还是当"饮料"卖？

（2）现有广东、浙南消费者对红色王老吉认识混乱；红色王老吉无法走出广东、浙南。

（3）企业宣传概念模糊。

五、产品策略

（一）产品描述

王老吉配方中除有"夏枯草"外，还有仙草、蛋花、布渣叶等材料。外观红色的瓶面，让人想起红火的中华，独特的中药味是其一大特色。

（二）产品名称

本次企业策划的饮料名称：王老吉。

（三）特点

清凉爽口，独特的中药味。

（四）功能

预防上火。

（五）包装

易拉罐瓶装。

六、价格策略

（一）定价策略

在王老吉进行了成功的产品定位和品牌定位后，确定了3.5元的零售价格，"预防上火的功能"将不再"高不可攀"，主要目的是为了打开更多的市场。

（二）市场现状

功能性饮料必将热卖。随着我国城市居民生活水平的不断提高，人们对饮料的消费需求也发生了明显的变化。具有特定功能的饮料将会成为今后饮料行业中又一个重要的细分市场。

（三）定价因素

本产品定价主要考虑以下因素：同类产品价格、运输费、管理费、生产成本、包装成本、税金、合理利润、市场调查的结果等。

（四）最终定价

零售价格 3.5 元。

七、渠道策略

在针对中间商的促销活动中，王老吉除了继续巩固传统渠道的"王老吉销售精英俱乐部"外，还充分考虑了如何加强餐饮渠道的开拓与控制，推行"火锅店铺市"与"合作酒店"的计划，选择主要的火锅店、酒楼作为"王老吉诚意合作店"，投入资金与他们共同进行节假日促销活动。红色王老吉由此迅速进入餐饮渠道，成为主要推荐饮品。在提升销量的同时，餐饮渠道业已成为广告传播的重要场所。

八、推广策略

（一）推广目标

使消费者进一步认识王老吉；进一步提高王老吉的知名度并促进销售。

（二）推广组合

采用广告、公关、促销的组合方式。

（三）推广计划

主要是围绕"怕上火，喝王老吉"这一主题进行各类的促销活动。

公司应举行"炎夏消暑王老吉，绿水青山任我行"刮刮卡活动，消费者凡刮中"炎夏消暑王老吉"字样的，可获得当地避暑胜地门票两张，并可在当地度假村免费住宿两天。同时，在针对中间商的促销活动中，公司除了继续巩固传统渠道的"王老吉销售精英俱乐部"外，还应该推行"火锅店铺市"与"合作酒店"的计划，选择主要的火锅店、酒楼作为"王老吉诚意合作店"，投入资金与他们共同进行节假日促销活动。

九、广告策略

（一）广告目标

使公众进一步加强对王老吉降热去火的认识，提升王老吉的知名度。

（二）宣传对象：全国消费者

（三）广告表现计划

1. 传递的信息

怕上火，喝王老吉。

2. 具体手法

路牌广告、电视广告、报纸、媒体。

3. 主题

怕上火，喝王老吉。

4. 广告宣传的创意及建议

消除消费者对传统功能性饮料不好的认识；增加王老吉配料的透明度，使消费者更好地认识王老吉。

十、组织与控制

王老吉产品定位为一个功能饮料，王老吉的作用就是"预防上火"，这就避免了红色王老吉与以可口可乐、百事可乐为代表的碳酸饮料和以康师傅、统一为代表的茶饮料、果汁饮料等国内外饮料巨头产品的直接竞争，形成独特区隔。相比较而言，红色王老吉的"凉茶始祖"身份、神秘中草药配方、175 年的历史等，显然有能力占据"预防上火饮料"的榜首。而且红色王老吉的直接竞争对手，如菊花茶、清凉茶等由于缺乏品牌推广，仅仅是低价渗透市场，并未明确"预防上火"饮料的定位。

十一、预算

（一）费用预算

王老吉营销费用的使用采取预算制，从大区到办事处再到联络站，每个季度都有相应的费用进行推广活动，大体有消费者促销、通路促销、终端形象三项。消费者促销包括全国性品牌推广活动、赠饮促销、商场买赠、公益活动赞助、社区推广等；通路促销包括终端（批发）陈列、终端（批发）拓展、批发促销、商超促销、团购、竞品打击等；终端形象包括终端形象包装、经销商车体广告等。费用预算明细到每月应开展的活动。

（二）费用使用

王老吉的费用使用很灵活，各大区、办事处、联络站的主管可根据自己市场状况，因地制宜地制定方案进行使用。

（三）策划费用

以前广告投放 4000 万人民币；现在广告达到 1 个亿。

十二、效果预测评

（一）营销效果的预测

通过营销活动迅速提升企业产品的销量，实现企业巨大的利润，形成品牌的新形象，利于拓展自身在全国范围内的市场，从而最终实现自身的品牌定位。

（二）营销效果的监控

2003 年，红色王老吉的销售额比去年同期增长了近 4 倍，由 2002 年的 1 亿多元猛增至 6 亿元，并以迅雷不及掩耳之势冲出广东。2004 年，尽管企业不断扩大产能，但仍供不应求，订单如雪片般纷至沓来，全年销量突破 10 亿元。同时，百事可乐旗下的企业肯德基已将王老吉作为中国的特色产品，确定为其餐厅现场销售的饮品，这是中国大陆目前唯一进入肯德基连锁的中国品牌。

四、策划方案技能模拟测试

模拟测试卷一：

李宁公司 2018 年元旦促销活动

【背景资料】

李宁体育用品有限公司由著名体操运动员李宁先生创立。李宁公司成立于 1990 年，经过 20 年的探索，已逐步成为国际领先的运动品牌公司。从成立初期率先在全国建立特许专卖营销体系，到维持多年赞助中国体育代表团参加国内外各种赛事，从成为国内第一家实施 ERP 的体育用品企业，到不断进行品牌定位的调整，再到 2004 年 6 月在香港的上市，李宁公司经历了中国民族企业的发展与繁荣。

李宁公司拥有品牌营销、研发、设计经销及零售能力，产品主要包括自有李宁品牌。

李宁牌运动及休闲鞋类、服装、器材和配件产品，主要采用外包生产和特许分销商模式，在中国建立了庞大的供应链体系及分销和零售网络。

要求：请你作为李宁运动服饰合肥分公司营销策划部的负责人为此次推广做出策划，要求格式规范，策划翔实可操作。

（本技能测试时间 90 分钟，满分 100 分）

_____

_____

_____

_____

_____

_____

_____

_____

_____

_____

_____

_____

_____

_____

_____

_____

模拟测试卷二：

【背景资料】

随着汽车走入家庭，自行车这一传统的代步工具逐渐被人们遗忘，而一些自行车店铺也逐渐走向经营不利的可怕局面。凤凰自行车店铺就是这些店铺中比较典型的一个。在 20 世纪 90 年代，自行车红极一时，人们争相购买。可是现在交通越来越发达，出门就能坐车，自行车销售渐渐萎缩，甚至很多店铺在进入 21 世纪后不得不关门大吉。

凤凰自行车店位于合肥市北步行街淮河路 109 号，拥有 3 个店面，主要经营凤凰牌自行车。为了能扩大店铺的销售，该店的老板尝试了很多办法，但是都没有成功。

要求：请你以经典策划公司的名义为其策划一个为期 15 天的促销方案，使其在接下来的 5 月份能形成大的销售气候。

（本技能测试满分 150 分，限时 90 分钟）

_____

_____

_____

_____

_____

模拟测试卷三：

滴露洗手液营销策划书

【背景资料】

滴露是全球著名的消毒产品品牌，世界除菌领域的优质品牌，从诞生之日起，滴露产品便以安心、可靠和卓越的杀菌能力赢得了消费者的信赖，成为英国皇室御用品牌。目前，滴露产品已经进入全球 60 多个国家和地区，并成为全球畅销的除菌品牌。1993 年，滴露正式进入中国市场。2013 年，滴露泡沫洗手液上市，让孩子们一下子爱上洗手。

滴露洗手液是以健康抗菌、抑菌为定位理念的洗手液品牌，含专业抑菌成分，可有效抑制 99.9% 的手部细菌，对金黄色葡萄球菌，大肠杆菌均有很好的抑制作用，适合全家人每天使用。

请你作为滴露中国区营销策划部人员为公司洗手液产品推向市场做一策划，要求格式规范，策划翔实可操作。

（本技能测试时间 90 分钟，满分 100 分）

_____

_____

_____

_____

_____

_____

　　_____

　　_____

　　_____

　　_____

　　_____

　　_____

　　_____

　　_____

　　_____

　　_____

　　_____

　　_____

　　_____

　　_____

　　_____

　　_____

　　_____

　　_____

　　_____

　　_____

模拟测试卷四：

【背景资料】

　　唯衣大众服装有限责任公司位于中国安徽省亳州市，自 2005 年组建以来，已经正常运营十几年。其棉服生产出口的主要国家为澳大利亚、意大利、加拿大、美国。公司与较多的面辅料供应商有良好的合作关系，有较强的经销能力，可独立报价（FOB），设计打样，专业制作牛仔成衣、纱卡服装和睡衣、棉服。公司现推出新品牌"衣爱"校园品牌服饰。为了开拓新的市场，提高企业的销售额，赢得更多的利润，经公司高层和服装设计部经理共同探讨，决定向大学校园市场推出新品牌——"衣爱"校园品牌服饰。

要求：请你以公司营销策划部主管的身份撰写一篇针对大学校园市场的品牌推广策划书。

（本技能测试满分 150 分，限时 90 分钟）

项目四　市场调研方案设计

一、市场调研方案设计技能测试纲要

【测试用具】

结合现实来给出一个大家都熟悉或了解的问题，并附上这个问题的一般背景资料。

【测试方法】

笔试。让被测试对象根据这个要解决的问题来设计一个有助于问题解决的调研方案。

【测试要求】

（1）市场调研的理论的掌握运用。

（2）调查方法。

（3）针对产品制定合适的调研方案等。

【测试赋分】

限时 60 分钟，满分 100 分。

（1）调研方案的完整性（45 分）。

（2）调研方案的可行性与针对性（20 分）。

（3）调查方法和问卷的设计（20 分）。

（4）完成调研方案时间（15 分）。

二、市场调研方案设计写作技巧

一般来说，一份完整的市场调研方案应对市场调研的目的、内容、对象和方法等做出明确的规定，它的基本内容通常包括以下几个部分。

（一）调研背景

1. 调查背景是对调查活动开展的必要性、原因的介绍。

2. 对调查背景的理解和掌握会在很大程度上影响对调查目的、调查内容等的理解，因此，在调查前必须要对调查的背景知识有所了解。

3. 需要重点了解的背景内容包括：行业大背景；行业竞争态势；企业、品牌及产品的现状；客户面临的营销决策课题；开展市场调查的必要性。

（二）调研目的

1. 确定调查主题，也就是调查的具体项目，如"某某超市客户满意度调查""某某餐厅竞争力的调查"。

2. 确定调查目的，也就是明确为什么要调查，通过调查，要解决什么问题。

3. 确定调研内容，也就是在调研目的的基础上，把调研问题展开、细化。

（三）调研对象

调查对象和调查单位所解决的是"选择怎样的一群人作为研究的对象？""向谁调查？""由谁来提供所需数据？"的问题。

（四）调研方法

1. 在调查方案中，还要规定采用什么组织方式和方法取得调查资料。收集资料的方式有普查和抽样调查等，具体的调查方法包括文案法、访问法、观察法、实验法等。

2. 在调查时，采用何种方式、方法不是固定和统一的，主要取决于调查对象和调查任务。

3. 一般情况下，为准确、及时、全面地取得市场信息，尤其应注意多种调查方式的结合运用。

（五）调研内容及项目

1. 确定调查内容主要回答"调查什么？"即确定调查的具体内容，包括定义营销研究问题及进一步确定调查项目。

2. 营销研究问题是需要收集数据加以研究的问题，主要涉及需要什么信息及如何有效地获取这些信息。

3. 在这一阶段，既要把有关的研究问题尽可能列全，防止遗漏，同时又需根据其对决策的用途、成本和技术上的可行性等因素进行取舍。

4. 调查方案设计中，需要把已经确定的市场调查问题转化为具体的调查项目。

（六）调研时间安排

主要是规定调查工作的开始时间和结束时间，包括从方案设计到提交调研报告的整个工作进度，同时也包括各个阶段的起止时间，其目的是使调查工作能及时开展、按时完成。调查项目进度安排大致考虑以下方面：

时间（周）程序	1	2	3	4	5	6	7	8
方案与问卷设计								
调查实施								
数据处理与分析								
报告撰写								

（七）调研组织及成员

这一部分记载的是整个营销方案推进过程中的费用投入，包括营销过程中的总费用、阶段费用、项目费用等，其原则是以较少投入获得最优效果。费用预算方法在此不再详谈，企业可凭借经验，具体分析制定。

1. 调查的组织计划是调查实施过程中的具体工作计划，是指为了确保调查工作的实施而制订的具体的人力资源配置计划与工作目标。

2. 主要包括调查的项目负责人、调查机构的设置、调查人员的选择与培训、调查的质量控制措施、项目研究小组的组织分工，以及各主要成员的知识背景、经历、特长等。

3. 另外，还要规定客户企业与调查机构双方的责任人、联系人及联系方式等。

（八）调研经费预算

这一部分是作为策划方案的补充部分。在方案执行中都可能出现与现实情况不相适应的地方，因此方案贯彻必须随时根据市场的反馈及时对方案进行调整。

1. 调查的经费预算是调查设计的重要内容。经费的多少与调查范围、调查规模（样本量大小）、调查方法均有关。

2. 调查预算包括内容较多，一个市场调查项目的经费预算，通常包括以下内容：

- 设计费；
- 问卷印刷费、装订费、复印费；
- 抽样费用；
- 调查实施费；
- 复核费，数据审核、编码、录入费；
- 数据统计分析费；
- 调查报告撰写制作费；
- 折旧、耗材费、器材设备使用费、计算软件使用费等；
- 项目办公费。

（九）附件：市场调研问卷等

三、市场调研方案设计范文

范例一：

关于千家伴超市市场调研策划方案

（一）前言

随着我国经济的快速发展，"超市"这一名词在人们的心目中越来越亲切。超市作为消费者日常生活购物的首选之处，是我们生活中不可缺少的组成部分。据宏观预测，该市场成长曲线呈上升之势。

为配合杭州市下沙千家伴超市进军下沙高教园区市场，评估千家伴超市行销环境、制定相应的广告策略及营销策略、预先进行杭州市下沙高教园区市场调研显然大有必要。

本次市场调研将围绕三个立足点即消费者、市场和竞争者来进行。

（二）调研目的

1. 为千家伴超市进军下沙高教园区市场进行广告策划提供客观依据

2. 为千家伴超市连锁经营和销售提供客观依据

3. 为千家伴超市连锁经营服务策划提供客观依据

其具体内容包括：

第一，了解沙高教园区市场状况。

第二，了解沙高教园区消费者的消费特点、习惯、偏好等，预测市场容量及潜力。

第三，了解沙高教园区便利店、杂货店、超市的消费者情况。

第四，了解竞争对手广告策略及销售策略。

第五，了解目标市场消费者所需的相关服务。

（三）市场调研内容

1. 消费者

（1）消费者统计资料（性别、籍贯、所在院校）；

（2）消费者日常消费形态（花费、习惯、看法等）；

（3）消费者购买形态（购买地点、购买什么、选购标准等）；

（4）消费者理想的连锁超市描述；

（5）消费者对连锁超市的产品广告、促销的反应；

（6）消费者对连锁超市服务质量的反馈。

2. 市场

（1）下沙高教园区连锁超市、便利店、杂货店的数量、品牌、销售状况；

（2）下沙高教园区目标市场消费者需求及购买力状况；

（3）下沙高教园区市场潜力测评；

（4）下沙高教园区目标市场销售通路状况。

3. 竞争者

（1）下沙高教园区市场现有便利店、超市、杂货店的数量，以及其品牌、定位、档次、规模情况；

（2）目标市场现有食品的销售状况；

（3）同行业中各品牌、各类型竞争者的主要销售描述；

（4）竞争对手的广告策略及销售策略；

（5）竞争对手的服务质量。

（四）调研对象及抽样

随着高校的大规模扩招，下沙作为杭州最大的高教园区，市场潜力是极大的。目前，下沙市场有很多超市、便利店、杂货店，其经营形式各不相同，所以在确定调研对象时，应适当针对目标消费者，点面结合，有所侧重。调研对象组成及抽样如下。

（1）消费者：杭州市下沙高教园区东区、西区及其他地区的消费人群（西区占40%，东区占50%，其他占10%）。消费者样本要求：不能在市场调研公司工作，也不能在目标市场竞争者处工作。

（2）竞争对手：杂货店、连锁经营店、便利店。

（五）市场调研方法及调研单位确定原则

市场调研方法以问卷调研法为主，辅以观察法、访谈法、抽样调查法。
对调研工作者的要求如下。

（1）仪表端庄、大方；

（2）举止、谈吐得体，态度亲切、热情，具有把握谈话气氛的
能力；

（3）经过专门的市场调研培训，专业素质较好；

（4）具有市场调研经验；

（5）具有认真负责、积极工作的精神及职业热情。

（六）市场调研程序及安排

第一阶段	初步市场调研阶段	2 天	2006. 3. 22—3. 23
第二阶段	计划阶段		
	制订计划	2 天	2006. 3. 25—3. 26
	审定计划	1 天	2006. 3. 28
	确定、修正计划	1 天	2006. 3. 30
第三阶段	问卷阶段		
	问卷设计	1 天	2006. 4. 1
	问卷调整、确认	2 天	2006. 4. 2—4. 3
	问卷印制	1 天	2006. 4. 11
第四阶段	实施阶段		
	访员培训	2 天	2006. 4. 12—4. 13
	实施执行	10 天	2006. 4. 14—4. 24
第五阶段	研究分析阶段		
	数据输入处理	2 天	2006. 4. 25—4. 26
	数据研究、分析	2 天	2006. 4. 27—4. 28
第六阶段	报告阶段		
	报告书写	2 天	2006. 5. 8—5. 9
	报告打印	1 天	2006. 5. 10

调研实施自方案、问卷确认后第四天执行。

（七）经费预算（略）

（八）小组成员确定及工作安排

小组人数		5 人
分工合作	制订总体方案	2 人
	调研项目、调研问卷的设计、修改和制作	3 人负责，全部参与
	实地调研	5 人
	统计调研资料	2 人
	分析调研结果、撰写调研报告	2 人

范例二：

雀巢咖啡市场调研计划书

（一）前言

雀巢咖啡可谓是咖啡的代言人，在市场激烈的角逐中，它仍以高傲的姿态始终保持着咖啡市场遥遥领先的地位。

上海这个大都市有着中国最发达的经济、最完善的交通设施，以及让业界津津乐道的消费市场。

上海东方卫视不断推陈出新，收视率一直呈上升趋势。《中国达人秀》更是引领中国综艺新模式。

（二）调查目的

1. 能够深度地量化广告投放后的效果，提高雀巢的品牌知名度和忠诚度，提升产品在消费者心目中的品牌形象

2. 保持并扩大雀巢咖啡在上海的销售额，提高市场份额

（三）市场调查内容

1. 上海市民

（1）人口特征（性别、年龄、学历、职业、收入、婚姻状况等）；

（2）心理特征、态度、观念；

（3）文化背景、风俗习惯；

（4）生活模式、消费习惯和行为等。

2. 上海东方卫视（《中国达人秀》节目）在上海本地的收视率、广告播放中 CPM（每千人成本）等

3. 雀巢咖啡在上海的销售状况、市场份额、广告投放状况等

（四）调查对象组成及抽样

1. 上海东方卫视电视台

2. 上海市民

要求：

（1）被调查的人没有人在雀巢或者附属企业工作；

（2）被调查的人没有在市场调查公司工作；

（3）被调查的人没有在广告公司工作；

（4）被调查的人在最近半年未曾有过类似的市场调查测试。

（五）市场调查方法

1. 上海市民特征调查法

（1）抽样问卷法。在上海浦东区、杨家桥区等区域分别进行问卷抽样调查，每个区发行问卷 200 份，进行统计。

（2）访问法。在各大超市、地铁等大型场地对人群进行随机式访问，访问量人数每地达到 100 人。

（3）统计数据分析，得出结论。

2. 东方卫视《中国达人秀》收视率调查法

（1）二手资料搜集法。①电子网络获得。②在有关部门获得（行政部门、企业内部资料、相关行业组织、出版物）

（2）用 Excel 和人工对所得资料进行整理分析。

（六）市场调查程序及安排

第一阶段：确定调查主题，制定市场调研策划方案。

第二阶段：收集一些必需的二手资料。

第三阶段：整理资料，为实地调查做准备。

第四阶段：实地调查。

第五阶段：统计调查资料、分析调查结果、撰写调查报告。

调研预算表：

	人力经费	物资经费	技术装备费	差旅费	合计
准备阶段	300	100	100	0	500
调查阶段	1000	500	0	500	2000
分析阶段	500	0	0	0	500
总结阶段	500	200	0	0	700
其他	200	0	0	0	200
合计	2500	900	100	500	3900

附：调查问卷

关于雀巢咖啡消费状况的调研问卷

1. 您现在是否经常饮用雀巢咖啡？

a. 是（请跳至第 2 题）

b. 否（请跳至第 3 题）

2. 您购买雀巢咖啡的动因是：（可多选）

a. 比其他咖啡口感更好

b. 良好的质量保证

c. 受自己朋友影响

d. 学习或者工作的需要

f. 受广告或其他促销手段的影响

（填写完该题，请跳至第 4 题）

3. 您购买雀巢咖啡的最大瓶颈因素是：（可多选）

a. 价格太贵，觉得不划算

b. 口感不适合自己

c. 自己没有喝咖啡的习惯

4. 您觉得雀巢咖啡的最大优势是什么？

a. 价格便宜

b. 口感更佳

c. 名气更大

d. 喜欢雀巢的品牌，只要是雀巢的都喜欢

e. 企业形象

f. 其他

5. 如果购买雀巢咖啡，您最担心的是什么？

a. 口感是不是和其他品牌的一样好

b. 什么温度下最适合饮用

c. 副作用有没有其他的那么大

d. 雀巢咖啡的质量问题

e. 其他

6. 您认为雀巢咖啡的价格有没有竞争优势？

a. 有

b. 不好说

c. 没有

7. 您最近是否有购买雀巢咖啡的打算？

a. 有

b. 没有

c. 不确定

四、市场调研方案设计技能模拟测试

【背景资料】

地处广州的某服饰公司欲开发一种新的休闲服装，但是面对国内休闲服装市场品牌众多、市场竞争激烈的局面，公司决策层认为要想取得产品开发与市场推广的成功，需要对目前的市场环境有一个清晰的认识，从现有市场中发现机会，做出正确的市场定位和市场策略。

因此，决策层决定委托市场调研机构开展市场调研与预测分析，通过对市场进行深入了解，确定如何进行产品定位，如何制定价格策略、

渠道策略、促销策略以及将各类因素进行有机地整合，发挥其资源的最优化配置，从而使新开发的服饰能够成功介入市场。

现在，请根据以上素材资料，为该服装公司设计一份科学合理的调研方案。

（本技能测试时间 60 分钟，总分 100 分）

参考文献

[1] 万后芬，汤定娜，杨智. 市场营销基础 [M]. 北京：高等教育出版社，2006.

[2] 戴建明. 现代商务 [M]. 北京：高等教育出版社，2006.

[3] 赵樾. 市场营销实训 [M]. 北京：首都经济贸易大学出版社，2007.

[4] 吴建安. 市场营销学 [M]. 北京：高等教育出版社，2010.

[5] 李高伟. 市场营销策划 [M]. 2版. 北京：高等教育出版社，2011.

[6] 冯金祥. 市场营销知识 [M]. 3版. 北京：高等教育出版社，2013.

[7] 黄雪英，冯琪芳. 市场营销基础知识 [M]. 3版. 北京：中国财政经济出版社，2013.

[8] 罗绍明. 市场营销基础 [M]. 北京：科学出版社，2010.

[9] 杨丽佳. 市场营销基础 [M]. 北京：高等教育出版社，2015.

[10] 纪宝成. 市场营销学教程 [M]. 北京：中国人民大学出版社，2012.

[11] 孙若莹，王兴芬. 电子商务概论 [M]. 北京：清华大学出版社，2012.

［12］菲利普·科特勒，加里·阿姆斯特朗．市场营销：原理与实践［M］．16 版．北京：中国人民大学出版社，2015.

［13］郭朝阳．中国著名企业营销案例评析［M］．广州：广东经济出版社，2002.

［14］雷思友，何叶荣．市场营销学教程［M］．合肥：中国科学技术大学出版社，2015.

［15］李红霞，雷思友．市场营销学［M］．徐州：中国矿业大学出版社，2012.

［16］李先国．营销师［M］．北京：中国环境科学出版社，2003.

［17］梅建军．市场营销［M］．北京：化学工业出版社，2011.

［18］毕思勇．市场营销［M］．北京：高等教育出版社，2007.

［19］郭国庆，杨学成．市场营销学概论［M］．北京：高等教育出版社，2011.

［20］梁永蓓．市场营销复习指导用书［M］．北京：中国原子能出版传媒有限公司，2016.